改訂　ロジャーズを読む

久能　　徹
末武　康弘
保坂　　亨
諸富　祥彦
著

岩崎学術出版社

改訂にあたって

「日本はヨーロッパを見失った時に自分を見失う」と喝破したのは寺島実郎氏である（『一九〇〇年への旅——あるいは、道に迷わば年輪を見よ』新潮社）。

砲声は聞こえない、という意味では文字どおり「静かなる革命」のただなかにある今、本書執筆者の一人、諸富らの企画による英国ツアーに加わる心理臨床関係者も増え、近々ベルリンにて開かれるＩＣＣＥＰ（クライアント中心療法と体験過程療法国際会議）では、日本の若手心理臨床家・研究者の口頭発表もあると聞く。敗戦後半世紀を経て、ようやく日本の心理臨床もアメリカ一辺倒を超え、寺島発言になぞらえれば「自分を取り戻しつつある」といえるのかもしれない。

このたび本書執筆にたずさわった三人の手になる『ロジャーズ主要著作集（全三巻）』が、本書と同じ岩崎学術出版社から新訳刊行された。先に記した趨勢のなか、ロジャーズの批判的検討・再評価のいっそうの進展に、新訳がいささかなりとも貢献しうるのならば、筆者もまた三人と喜びを共にしたい。

それにともない、本書も新訳にしたがった改訂版発行をとのお話を同社からいただき、部分改訂をほどこすこととなった。新訳に対するご批判を含め、引き続き本書に対するご示唆・ご教示をいただければ幸いです。

著者代表　久能　徹

二〇〇六年四月　今はもう無いあの喫茶店を偲びつつ

はじめに

クライアント中心療法の創始者カール・ロジャーズ――。

言うまでもなく、わが国の心理療法やカウンセリングにもっとも大きな影響を与えた人物の一人である。にもかかわらず、たとえばフロイトやユングと比較して、ロジャーズの著作がどのくらい読まれてきたかと言えば、一見平易に見えるその体系の外観がかえって妨げとなってか、実際には意外なほどに読まれてはいないというのが私たちの素朴な印象である。ましてや彼の思想と理論と実践とが、どれだけ正確に理解され検討されてきたかと言うと、はなはだ心もとない。

本書『ロジャーズを読む』は、ロジャーズの数ある著作の中からもっとも重要ないくつかを取り上げ、その内容を紹介すると共に批判的検討を加えていったものである。

その際、ロジャーズには〈実践家ロジャーズ〉と〈理論家ロジャーズ〉と〈思想家ロジャーズ〉という三つの側面があるとの前提に立ち、各々の側面ごとに重要な著作を選定していった。

したがって本書を読めば、ロジャーズの思想と理論と実践とを含んだ全体像を、そのいずれにも偏ることなく、しかも彼の著作そのものと密接なつながりをもって知ることができるようになっている。

この意味で本書は、これからロジャーズおよびクライアント中心療法を学ぼうとされている方々、また現在学びつつある方々にとって、格好の入門書となるはずである。ロジャーズの世界に歩み入るための最適なガイドブックと言ってもよいであろう。

しかしながら本書は、決して単なる入門書ではない。

本書の四人の執筆者は、いずれも、ロジャーズの批判的検討に関心を抱き続けてきた者である。いわゆるロジャーズ信者、ロジャーズ個人を崇拝する者ではない。むしろ、実在した臨床家ロジャーズその人を批判的に検討することを通して、ロジャーズの本質、〈ロジャーズなるもの〉を摑み出すことに心傾けてきた四人である。

その意味で本書では、単なる紹介にとどまらず、ロジャーズの著作に対する主体的な読み込み、つまりは各々の〈解釈〉を提示するかたちをとっている。四人の執筆者それぞれが、独自の視点から自分なりの〈ロジャーズの読み方〉を読者の方々に供するものとなっているわけである。

その成果は、もちろん各章ごとに各々の語り口で語られてはいるが、ロジャーズ派の臨床家あるいは研究者としての問題意識を率直に述べた第Ⅳ部において、とりわけストレートに展開されている。

繰り返しとなるが、これまでわが国で刊行されたロジャーズ関係の著作は、ロジャーズの忠実な紹介にとどまるものが大半を占め、本書のように、ロジャーズに対する批判的検討の成果を盛り込んだものは稀である。

それゆえ私たちは、これから、あるいは現在、ロジャーズを学ぶ方々のみならず、これまでロジャーズにかかわってこられた先輩研究者の方々にも本書をお読みいただきご批判を仰ぐとともに、〈ロジャーズ〉をめぐる創造的論議が巻き起こされれば四人の望外の喜びとするところである。

最後に本書の成立の経緯についてふれておきたい。

本書の執筆者の一人、久能は、ロジャーズ派に対する批判的検討作業を「臨床心理学研究」誌（日本臨床心理学会発行）において展開していた（『ロジャーズとロジャーリアン』、臨心研、二〇巻四号–三〇巻一号所収、その後一九九六年に日本カウンセリングセンターから刊行)。その論文が、元横浜国立大学教授伊東博先生のお目にとまり、岩崎学術出版社和田節元社長に出版をお勧めくださったことが本書成立のきっかけとなった。しかしながら、同社が期待された本書の企画は、久能一人の手に余るものであり、久能の長年の研究仲間であった末武と諸富、それに三人の共通の友人である保坂が加わり、計四人の共同執筆というかたちで企画がまとまった。

もともと私たち四人は、久能の連載完結後、その批判的総括のために企画された座談会(臨心研、三〇巻三号－三〇巻四号所収)のメンバーであり、今ふりかえって見れば、すでにそこで本書上梓のためのベクトル合わせは完了していたと言える。そのためこの種の作業にまつわる基礎的な論議は最少時間で済んだ。とは言え、それぞれの執筆作業にはそれなりの時間を要し、脱稿のお約束期限を大幅に遅らせることになってしまった。この間、岩崎学術出版社の西田信策氏には忍耐づよくお待ちいただいた。この場をお借りして心より感謝申し上げます。

一九九六年一二月　お茶の水の喫茶店にて

久能　徹
末武　康弘
保坂　亨
諸富　祥彦
(五十音順)

目次

プロローグ——ロジャーズの一生とその時代

久能　徹

カール・ランサム・ロジャーズが、二〇世紀アメリカを代表する心理学者の一人であることに異議を唱える人はいないであろう。一九七三年、アメリカ心理学会特別功労賞を授与された記念講演の中で、七一歳の彼はみずからの生涯を回顧して、アメリカ国内のみならず一二カ国語に翻訳されるに至った自分の仕事の影響力に、彼自身が驚きを感じていると述べ、さらに次のように言う。

私は知らずして正に時を得た考えを表明したと思われる——と。

では、その〈時〉とは何であったのか。

これは、ロジャーズの仕事の全体像を解き明かそうとするときに、最初に設定しておくべき問題である。どのような偉大な仕事も、人々が深くは自覚しないその時代の精神を（おそらく彼／彼女自身も自覚はせずに）汲みとり代弁するからこそ、広い支持を得ることができる。彼の仕事という「図」を、彼が生まれ没するまでの八五年間のアメリカ社会という「地」の上において眺めてみることは、ロジャーズ理解に少なからぬ意味を持つはずである。

また、こうも言える。偉大な仕事とは偉大な個性にして初めて成し遂げられるものである、と。このことがロジャーズにおいても真実であるならば、彼の仕事をよりよく理解するためには、彼という個性そのものの輪郭を摑んでおく必要がある。

ロジャーズという一人の個性が、二〇世紀アメリカという一つの時代に、生涯をかけてどのように応答し続けたのか。ロジャーズの仕事の全体像を解き明かそうとする本書はその問いから出発することにする。

一　少年カールとピューリタニズム

1　「二〇世紀アメリカ」の幕開け

一七世紀初頭の入植からはじまり、一八世紀後半には英国から独立、一九世紀後半の南北戦争による国家的統一を経て、一九世紀末にはアメリカは、豊かな農業国である以上に、世界最大の生産力を誇る産業国家として、巨大な影響力を世界に及ぼしはじめていた。公営水道がしかれ、下水処理施設が建設され、鉄道と蒸気船が人と物資を運び、街路を明々と電燈が照らし、セントラル・ヒーティングが温める家の中には冷蔵庫が置かれて食料を保存した(Boorstin, 1973)。これらはすべて、一九世紀後半のアメリカの都市の姿であり、私たちは今日の「豊かな社会」の原型をそこに見ることができる。

しかし「豊かな社会」とはことの半面であった。後に見るように、神の救いの確かさを得んがために救われたものにふさわしい禁欲的生活態度を保つべきとしていたピューリタニズムの倫理は、勤勉、節約、正直等々の自己規律こそが「富への道」とするベンジャミン・フランクリンによって世俗化され、さらには「成功した者は神に祝福された者」とする宗教的倒錯が通念となっていた。一九世紀中葉から浸透しはじめた進化論は、「強い者だけが生き残る」とする社会的進化論へと「発展」し、経済的欲望の野放しの解放を合理化した。こうして貧富の差は拡大し、政財界の癒着と腐敗、そして労働争議が頻発した(清水、一九八六)。

それだけではない。このようなアメリカ社会の形成を主導してきたのは、いうまでもなく西欧系アングロ・サクソンのプロテスタントを中心とする移民(WASP)であった。しかし一八九三年、歴史家フレデリック・ターナーがアメリカ歴史学会で「フロンティアの消滅」を宣言する頃、「豊かな社会」を目指して大挙して流入してきていたのは貧しい東欧系、南欧系のラテン、スラヴ、ユダヤ系非プロテスタント諸民族であった。かれらは工業化によって膨張する都市に安価な労働力を供給することによって、社会的に上昇し過酷な労働を嫌いはじめた中産階級ＷＡＳＰの「豊かさ」を支えた。こうして建国以来の黒人問題に加えて、より一層複雑な人種問題の種をまくことになったのである（本間・有賀編、一九八〇）。

このような、今日に見るアメリカ社会の〈豊かさ〉と〈痛み〉とが、ほぼ完全に顕れでていた巨大都市シカゴの近郊で、カール・ロジャーズは産声をあげた。一九〇二年、それは「二〇世紀アメリカ」の幕開けとほぼ同時であった。

2　ロジャーズ家の人々

カールの両親はともに農家の出で、非常に実際的で堅実な人柄だったという。父親は事業家（建築業）として成功し、母親は信仰心の篤い人であった。いまだ大学教育が普及していないこの時代にあって、父親はすでに工学博士の学位を持ち、母親も二年間大学に通う経験をもつ知識人であったが、ともに反インテリ的傾向を持ち、労働することが治癒力を持つと固く信ずる非常な働き者であった。ロジャーズは特に母親の信仰についてこう語る。

「母が家族の祈りによく引いた二つの聖書の言葉は私の心に深く刻まれているし、母の宗教的感情をよく表現していると思う。それは『人々から抜け出し、独立せよ』『神の眼から見たら、人間の正しさなどはきたないボロ布みたいなもの』（最初の言葉は母の優越感を表現しており、われわれ家族は『選ばれた』者であり、神の恩ちょうを受けていない人びととまじわってはならないという意味であり、第二の文句は、彼女の劣等感を表現しており、われわれはどんなに最善を尽くしても言葉に言えない罪深い存在なのだという意味である）」（Rogers, 1966：村山訳、一九五頁）。

ロジャーズはこの母の信仰を、優越感と劣等感の表現として、心理学的に還元しつつ受けとめているが、彼女の言葉はアメリカの建国と開拓を、そして資本の途方もない蓄積を促したピューリタニズムのエッセンスの表明としてとらえるべきであろう。

周知のとおりマックス・ヴェーバーは、『プロテスタンティズムの倫理と資本主義の精神』（Weber, 1904–5　阿部訳、一九六五）において、プロテスタンティズムの倫理がどのような筋道によって資本蓄積の原動力となりえたのかを解き明かしている。ヴェーバーが辿ったカルヴィニズムの論理によれば、神が人間のために存在するのではなく、人間が神のために存在するのであって、ものごとはすべて神の権威を神自身が顕示するための手段としての意味を持つにすぎない（カールの母親が言っているのは、この人間の無価値性ということである）。そして人間は神の意志を知ることはできないが、人間が知りうるのは人類の一部だけが救われ、他のものは永遠の滅びに入るということだけである（カールの母親の選民意識の根拠はここにある）。そして自己が救われるべき人間かどうかという確信をえるために、人は自分が選ばれていないかもしれないという疑惑を、悪魔の誘惑として徹底的に退けなければならない。そして彼らはひたすらに労働に打ち込むことになる（「非常な働き者」の両親！）。「プロテスタントの世俗内的禁欲は、奔放な所有の悦楽にたいして全力をあげて反対し、消費、とくに浪費を粉砕し、……その結果……財貨の追求を伝統的倫理の抑圧から解放し、利潤追求を合法化するのみではなく、それを神の直接的な意志とみなすことによって、その桎梏を打破し、………取得した富の浪費をはばむ力は、投下資本としての資本の生産性を増大させずにはおかなかった」（Weber, 1904–5　阿部訳、二二七－二二八頁）のである（事業家として成功した父親！）。

　カールの家族外の人々に対する態度は、両親から採り入れた距離を置いた超然としたものであり、兄二人、姉一人、弟二人のきょうだいに囲まれながら、家族内にあってもダンスやカード、映画に行ったり、喫煙や飲酒あるいは性への関心を示さないことでは不思議と一致していたという雰囲気の中で育ち、「今日私が他者との親密なコミュニケーションを伴う対人関係と見なすものは、完全に欠如していた」と振り返っている（Rogers, 1966　村山訳、一九七五：Rogers, 1980　畠瀬訳、一九八四）。

3　少年カールのエロス

しばらく彼の自伝（Rogers, 1966　村山訳、一九七五）に従ってみよう。

前項で触れたような宗教的生活規範の中で、カールは非常にシャイな少年として育っていった。小学校時代はいつももの思いにふけり、ぼんやりしていることで有名で、「ぼんやり教授（Professor Moony）」とあだ名される少年であった。男の子ならば誰でも経験するような、なぐりあいの喧嘩は、小学校時代に一度だけであった。それも死ぬほどびっくりした出来事であったと彼は言う。性に目覚めてよいはずの高校時代になっても、彼は本当の「デイト」を一度もしたことがなかった。なにしろ高校一年のとき、クラスの夕食会は女の子同伴となっていたのだが、「遠くから尊敬していたとび色の髪をした娘を招待しに出かけた時の困惑を覚えている。幸いなことに彼女は受け入れてくれた。もし彼女が受け入れてくれなかったら、どうしていたかわからない」（二〇一頁）と彼は回想する。

しかしながら彼は必ずしも部屋に閉じこもる少年というわけではなかった。

「高校時代、私は朝五時かもっと早く起床し、朝と晩に一二頭の乳牛から乳をしぼった。私がこのことを特に思い出すのは、乳しぼりは私の筋肉が耐えられる以上のことであって、両手は一日中『ぐったり』していた。……（略）……その頃また農場のブタ全部を世話したことを思い出す。夏には一日中耕運機に乗って草の生い茂っている農場の最も遠い片隅にあるトウモロコシ畑を耕した。それは誰からも遙かに離れて自分自身を頼るという独立性を学ぶ機会になった」（二〇〇頁）。

このように、彼の回顧録に見る少年時代は、ヴェーバーが描きだすプロテスタントの生活（労働）倫理にほとんど完全に染め上げられていると言ってよい。両親の信仰的態度が彼のパーソナリティ形成に及ぼした影響の大きさをここからもうかがい知ることができるし、私たちが彼の成した仕事をたどりゆくとき、こうした倫理的態度は実のところ彼の生涯を貫く通奏低音として流れ続けていたことが分かってくる。

空想好きで読書の虫、対人的には不器用そのものであった少年カールは、しかしながら一方で、その内面においてはエロティックとも言える豊饒な世界を創りだしていた。彼は家の近くの森のなかで、樫の木の暗色の樹皮の裂け目に、ちょうどまゆから出たばかりの二匹の美しいヤママユガを見つけ、いっぺんで魅せられてしまう。

「これらの美しい青みどりの生物は、長い『燕尾服』の羽に紫色の斑点をもち、小鳥ほどの大きさだったが、見た人ならば誰でも好奇心をそそられることだろう。私は夢中になった。今日で言えば私の最初の『独立した研究計画』を始めることになった。私は蛾の本を買い集めた。私は蛾の幼虫をみつけ飼育した。卵をふ化し、一連の脱皮を経て幼虫からまゆになり、ついには十二カ月の周期が完成し再び蛾として誕生する――ポーリフェムス、ケクロピア、プロメテウスその他いろいろの蛾を知るようになった。私はオスの蛾を引きつけるため、メスの蛾を屋根に『結びつけたり』……（略）……幼虫のエサになる特別な木の葉を探すのに忙しかった。ささいな特別な分野だが、私は一かどの生物学者になった」（一九九頁）。

もしエロスをいくつかの要素に分解できるとすれば、ロジャーズにあっては〈暴力のエロス〉と〈性のエロス〉は意識野に侵入することは許されず、ただ〈労働のエロス（註：より正確には「経済のエロス」とすべきであろう）〉と〈知のエロス〉のみが世界に向かうことを許される、という基本的な構造がある。しかしながら、前記のような少年期のエピソードは、抑圧された〈暴力のエロス〉は〈経済のエロス〉のなかに紛れ込み、骨がきしむほどに自らを痛めつける過酷な労働を己に強いたことをうかがわせる。また、蛾の生殖から無数の卵の孵化を追いつづけ、生命たちが羽ばたくまで飽くことなく眺め続ける孤独な少年を想像するとき、彼の〈知のエロス〉のなかに濃厚に〈性のエロス〉が侵入していたことを感じさせる（久能、一九九六）。

二　青年ロジャーズの知的遍歴

1　農学から神学へ――家族との「別れ」

カールが一二歳のとき、父親はシカゴからさらに離れた郊外に農場を買い、翌年には家族ごとそこへ移って農業経営に打ち込んだ。

「父は農場を最新式に運営したいと思い、大学から農学者たちを招いて、農場長や作業員やその他の人たちに指導してもらった。父自身も最新の農業法の書物をたくさん読んでいた。私もこれらの書物――特にモリソンの『飼育と飼料』という分厚い専門書――を読んだことを思い出すことができる。飼育や牛乳と鶏卵の生産、異なった肥料を使ったり、種子や土壌などに関する科学的実験の論述を読んで、私は科学の本質的な要素を十分に感じとることができた。適切な実験計画、統制集団に関する理論、一つの変数を除いた他のすべての変数を統制すること、結果の統計的分析――これらの概念のすべては十三歳から十六歳にかけての読書によって知らず知らずに吸収されていた」(Rogers, 1966：村山訳、一九九-二〇〇頁)。

前節で触れた高校時代の農業生活はここでの体験である。第一次世界大戦のベルサイユ講和が成った一九一九年、両親と二人の兄姉が学んだウィスコンシン州立大学に、カールもまた入学する。農学部であった。この進路選択は、少年時代の農場生活の延長線上に選択されたものに違いない。

しかしながら、大学入学と同時に加わったＹＭＣＡでの活動を通じて、彼は初めて同志や友人を持つ意味を発見するとともに、人生の目標を変更し、キリスト教の仕事に入るべきだと決心して、牧師の道へと進むべく、人文科学部へと転じていく。そして大学三年のとき、彼にとっては家族との心理的な絆を断ち切る決定的な契機がおとずれる。中国の北京で開かれた世界学生宗教会議に、全米代表の一人として参加するという機会をえたのである。このことについて彼は次のように回顧する。

「第一次世界大戦以後まだ憎しみと疑惑に満ちあふれていた、フランスとドイツの学生や教授たちとの相互交渉を理解しようとする、とても挑戦的な経験のお蔭で、宗教的にも、政治的にも急速に自由になっていった」(Rogers, 1966：村山訳、二〇五頁)。「帰路の船旅でイエス・キリストの言行録の研究家であるヘンリー・シァーマン博士と話し合ってとても刺激を受けたので、私の精神的独立は更に前進した。ある晩のこと、船室で恐らくイエス・キリストは神ではなく人間であるという考えが私に浮かんだ。こうした考えが生まれ、私の中に根をおろしてくるにつれて、どうしても感情的に家に戻ることはできないことが明らかになってきた」(同書、二〇六頁)。

しかしながら、このように精神的自由を獲得したかにみえたカールも、長旅をおえて家に帰ってみればたちまちに十二指腸潰瘍となり、療養のために休学するはめになる。それほどにこの家族の抑圧的雰囲気はすさまじいものであったのだろう。この療養期間に、彼は実家の農場を手伝いながら、ウィスコンシン大学の通信教育で心理学の初歩に触れる。はじめての心理学との出会いであった（佐治・飯長編、一九八三）。

一九二四年、歴史学で学士号を取得すると同時に、幼なじみのヘレン・エリオットと結婚。いよいよ牧師の道を歩むべく神学校へと進むが、このとき彼の父親は、長老派教会の設立になるプリンストン神学校（現プリンストン大学の前身）への進学をつよく勧めるのである。しかし彼は当時アメリカで最も自由であり、宗教界を学問的に指導していたユニオン神学校への進学の意志を貫いていく。家族との決定的な〈別れ〉のときを迎えたのである。

すでに述べたように、一九世紀中葉からアメリカ社会に浸透しはじめた進化論思想は「キリスト教国アメリカ」に強い衝撃を与えた。一般に保守的な色彩の濃い南部では強い抵抗をよびおこし、北部で伝統的なカルヴィニズムを固守する人々の間でも同様で、ニューヨークのプリンストン神学校は、そうした人々の精神的な牙城であったのである（豊根、一九七四）。人間は猿から進化したとするダーウィニズムがひた寄せる時代に、イエスは人間であると思いはじめた息子に対して、若夫婦ふたり分の学費を全部負担してでもプリンストンに押し込めようとした父親のあわてぶりは想像にかたくない。

第一次大戦において「無傷の戦勝国」となったアメリカは、同盟国の西ヨーロッパ諸国の戦後復興に巨額の資金を供与し、ヨーロッパとアメリカの力関係は完全に逆転し、いよいよ「アメリカの世紀」を迎えることになる（清水編、一九八六）。アメリカ経済はいよいよ沸き立ち、W・ジェームズやJ・デューイらの実験的経験と精神の自由を強調するプラグマティズムの影響は科学的精神の高揚にさらに拍車をかけた。このような時代思潮の中で、神学者たちの間にも科学的精神に準じていこうとする傾向が現れるのは自然なことのなりゆきであった。神学の世界においても「近代主義」と呼ばれる流れを生みだしていった。父親の勧めを決然として断り、奨学金を得たカールが進学したユニオン神学校とは、この「近代主義」の拠点だったのである（豊根、一九七四）。

2 神学から心理学へ——臨床家への道

晩年のロジャーズは、ユニオン神学校の大学院生活を振り返り、彼流の他者への関与のしかたを形成する上で影響のあった経験を二つあげている。

一つは「教官に指導されない自律的自発的セミナー」であった。そこでの経験を、ロジャーズは次のように語る。

「私もその一人だったが、一群の学生はここでは、思想が据え膳として与えられていて、われわれ学生が最も深い関心をもっている宗教的、哲学的な問題を討論する機会が与えられていないと感じていた。われわれは、われわれ自身の問題と疑問を探究し、どこに到達するかを見つけたいと思った。われわれは大学当局に教師がいなく、カリキュラムもわれわれ自身が提出した問題からできているようなセミナー（しかも単位になる！）の開催を申請した。神学校がこの要求に困惑したことは理解できるが、それにもかかわらず学校当局はわれわれの申請を許可した。たった一つの制限がついたが、それは神学校の関心から若い教師を一人参加させるが、学生が希望しない限り、討論には参加しないというものだった。セミナーはとても満足のいくものだったし、問題の明確化に役立った。その結果、私は自分自身の人生の哲学に向かって長い道を歩むことになった。このセミナーに参加した大部分のメンバーは、自分たちの提起した問題を考えた結果、将来の方向としては宗教的な仕事から離れてゆくことが正しいと考えた。私もそう考えた一人だ（った）。……（略）……その当時宗教的仕事を離れる決心をした私自身の理由は、私の人生の意味や個人の生活を建設的に改善する可能性に深い関心を持っていたが、特別な宗教的原理を信ずることを要求される分野で働くことはできなかったからである。……（略）……私は自分が自由に思考できる分野をみつけたいと思った」（Rogers, 1966：村山訳、二一一－二一二頁）。

第二の経験としてロジャーズは、後年NTLを代表するトレーナーとなり、教育界における進歩的リーダーとなったG・ワトソンの「青少年とのかかわり」のコースを受講したことをあげる。このコースの受講体験によって、彼は人間に関わることが一つの専門領域として成立しうることを明確に認識したという（Rogers, 1980）。

こうしてだんだん宗教学の単位をとらなくなっていたカールは、神学校の道をへだてた隣にあるコロンビア大学教育学部に顔を出しはじめ、一九二六年にはそこへ転籍してしまう。そこで指導教官となったのがG・ワトソンであり、ここから彼の臨床心理学の研究が本格的に始まるのである。そしてW・H・キルパトリックを通じてJ・デューイの思想に触れたのもこの頃であった。

3　一九二〇年代のアメリカ社会

さて次節でいよいよ臨床家ロジャーズの誕生に立ち会うことになるが、その前に、ここで彼が青年期を送った一九二〇年代のアメリカ社会を振り返っておこう。

ひと言でいえば、それは「黄金の二〇年代」と言われるアメリカ史の画期である。前節で述べたように、第一次世界大戦における「無傷の戦勝国」として、アメリカは世界資本主義の王座についた。カールが大学に進学した年――一九一九年には、すでに世界の金保有量の三八パーセントを手中におさめ、翌一九二〇年のアメリカの国民所得は、イギリス・フランス・ドイツ・日本などの主要な資本主義国他一八カ国の合計よりも多かった（清水編、一九八六）。歴史家・清水は次のように指摘する。

「一九二〇年代を指して〈孤立主義の時代〉（註：ウィルソン大統領によって敷かれた外交路線）と呼ぶのは誇張であり、事実の歪曲である。アメリカは国際連盟に加入しなかったが、その代わりに国際社会における行動の自由を獲得し、これを十二分に行使したのである」（同書、二六五頁）。たとえばその自由をアメリカはアジアにおいてどのように行使したのか。「（一九二一年、アメリカの主唱によって開催された）ワシントン会議は、全体としては極東・太平洋地域における帝国主義諸国間の利害の調整の場であったが、アメリカはイギリスと共同して日本を孤立させ、日本が大戦中に得た〈漁夫の利〉を吐き出させることに成功し、また九カ国条約を通じて、一九世紀以来唱えつづけてきた中国における門戸開放を列国に承認させた」（同書、二六六頁）。

読者には思い起こしていただきたい。この「アメリカ外交の勝利を意味した」ワシントン体制が成立したまさにその年に、ロジャーズは中国で開かれた世界学生宗教会議に全米代表の一人として太平洋を渡っていた。この会議もはたしてアメリカの主唱によるものであったかどうかは詳らかではない。しかしながら、独立後のアメリカが西へ西へとフロンティアを伸ばし、一九世紀中葉のテキサス併合のとき、それは「神によって合衆国に与えられた明白な宿命」として公然と正当化された。宗教史家野村（一九九二）は、こうした正当化を「キリスト教が領土拡大のイデオロギーになっている」と指摘する。そして一九世紀末、フロンティアが消滅してからは、このような〈アメリカニズム〉にもとづく「フロンティア」は、とうとう国境すらも越え始めたのではなかったか。

とするならば、後に見るように、「何ものかに憑かれたように」世界の紛争地域に乗り込んでゆく晩年のロジャーズを考えるとき、青年ロジャーズが、二〇世紀アメリカの第二幕「黄金の二〇年代」の開幕ベルとともに〈世界〉へ飛び出す機会を得たことの意味は、彼自身の回顧をはるかに越えて大きな意味を持っていたのではなかろうか。

三　臨床家ロジャーズの誕生

1　ニューヨークからロチェスターへ

コロンビア大学に移ったロジャーズは、臨床心理学と教育心理学を学びながら、ニューヨーク市の公共福祉財団が臨床家を養成するために創設した児童相談研究施設の研究員として、一年間のインターン生活を送ることになった。この研究施設がとっていた折衷主義的な立場は、結果としてたいへん役にたつものであった、とロジャーズは回顧する。当時のコロンビア大学は厳密な科学的、客観的、統計的立場をとっており、「感情とか人格力動などといった事柄は（略）まったく軽蔑されており、フロイトとは汚らわしい言葉だった」（Rogers, 1966：村山訳、二一五頁）という。そうした大学に学び、強い葛藤を感じながらも、この研究施設で彼は「いろいろ肌合いの異なった精神分析的な諸理論や、精神分析以外の精神医学や心理学の理論」に触れた。「たとえば」と彼は振り返る。

「アルフレッド・アドラーがわれわれに講義したが、たんねんな生活史をとることは不必要であるといった考えは、全スタッフにショックを与えた。私は彼が間違っているのではないかと思ったことを覚えている。というのは、当時では、われわれは五〇ページから八〇ページの生活史をとることがあたりまえだったから」（同書、二一六頁）。

後述するように、三十代の臨床経験の集大成として、ロジャーズは『問題児の治療』を書き上げる。本書第Ⅰ部で末武が詳細に論じているように、彼の処女出版となった同書で見せる広範な視界と公平な視点の基礎は、いわば「諸方法のルツボ」とも言うべきこの研究施設からすでに育まれていたと見るべきであろう。臨床家ロジャーズは幸先のよいスタートをきることができたわけである。

さてここでのインターン生活を終えるころ、ロジャーズは生まれてはじめて真剣に職業を探し求めた。コロンビア大学に転籍した年、長男デヴィッドが生まれ、そろそろ長女ナタリーの誕生を迎えようとしていたからである。心理学者の職場はたくさんあるわけではなかった当時、彼は陸軍士官学校の就職面接も受けたが、結局ニューヨーク州ロチェスター市の児童愛護協会の児童研究部門に職を得ることになる。そこは職業的には袋小路であり、職業的接触や大学から孤立し、給料なども当時の標準よりもよくないところであったが、自分のやりたいことをやれる機会になることが嬉しかった、と彼は回顧する。一九二八年のことである。

ロジャーズは、一九四〇年にオハイオ州立大学に移るまで、ここで一二年間を過ごすことになるのだが、それはとても貴重な年月だったと彼は言う。ここで彼は、「少なくとも最初の八年間は、完全に心理学的サービスの実践に没頭した。裁判所はじめさまざまの機関から送致されてくる、非行少年や恵まれない子どもたちの診断と指導計画を立案し、多くの場合処置面接 Treatment interview を実施した」（同書、二一七頁）。

ここで「少なくとも最初の八年間」と彼がことわっているのは、一九三七年から一九三八年の間に、ロチェスターの社会事業協議会が、彼が部長をしていた児童研究部をその中核として新しくロチェスター・ガイダンス・センターを設立し、彼をそこの初代所長にすえたという事情があったことを指している。

彼の回想録を読むと、その所長就任にいたる経緯は興味ぶかい。ロチェスター時代の彼は、精神科医とはかなり友好的な関係にあったのだが、このセンター創設に際し、他の都市でも類似の機関のほとんど全部が、精神科医が所長であるし、ここでもそうすべきであるというしごく単純な根拠によって友人の精神科医たちが運動を始めたのであるが、彼は敢然と反対し、「時には苦々しい戦いが続くことになったが、結局私が勝って」同センターの初代所長の席におさまったのである（同書、二二〇頁）。このエピソードは、当時のアメリカの心理臨床の領野において、いかに精神医学が圧倒的なパワーをもっていたかを示すものと言える。

2　一九三〇年代のアメリカ社会

彼の処女出版『問題児の治療』は、こうしたさまざまな体験を踏んだロチェスター時代の集大成であるわけだが、同書の解読は第I部に委ねることにして、ここでは三十代のロジャーズが臨床的経験の土壌を耕していたころのアメリカ社会を概観しておこう。

一節の冒頭で、ロジャーズが誕生するまでに、今日にみる「豊かな社会」の原型がすでに形を現していたと述べた。しかし一九世紀末のアメリカの物質文明は、それまでのヨーロッパにおける王侯貴族のみが享受できるような生活が多くの人々のものとなったとはいえ、それはあくまでもWASPを中心とする「成金」たちのものであり、貧富の差が拡大するなかで大部分の人々の生活はひどく貧しいものであった。

前節で、彼が青年期を送ったころのアメリカの「黄金の二〇年代」について触れたが、もうすこし詳しく国内事情を見るならば、確かに二〇年代のアメリカ工業の隆盛は、フォード・システムの完成による自動車産業が、石油・ゴム・ガラス・鉄鋼、さらには化学工業や種々のサービス産業にいたるまで繁栄の裾野を拡大させていったことによる。しかしながらその一方で、アメリカ農業は衰退の一途をたどっていた。このような農業の不振は、第一次大戦中に活発化した黒人の北部・西部の大都市移住に拍車をかけた。一九一〇年には黒人の九〇パーセントはかつての奴隷州に居住しており、南部以外の黒人人口は八五万人にすぎなかったが、一九三〇年にはその数は二三〇万にのぼった。しかし南部を脱出して大都市に移り住んだ黒人を待っていたのは、差別とスラムと失業であり、運がよくても非熟練労働者としてのきびしい生活であった。そうした事実に加え、一九二三年に九四パーセントという高率に達した鉱工業の設備利用率は二〇年代後半には低下する一方であったのにもかかわらず、投資率は同じ二〇年代後半に著しい高水準に達していた。つまり、過剰設備が増加しつつあったのである。そして二九年の株式市場の大暴落によって、翌三〇年の設備利用率は一挙に六六パーセントに落ち込んだ。実のところ、大恐慌は二〇年代後半からじわじわとその準備が進んでいたわけである(Boorstin, 1973)。

つまりこういうことである。ロジャーズが生まれ育った時代というのは、近代経済学の祖アダム・スミスが神学的表現をもって想定した「見えざる手」が、独占企業を祝福したとしても、貧しい人々の上には少しの恵みも施さないことがはっきりしてきた時代だったのである。この間アメリカ社会は、近代資本主義社会の矛盾をグロテスクなまでに露呈させることによって、「強いものだけが生き残る」社会的ダーウィニズムの支配のもと、こぼれ落ちていく無数の人々を生み出していったのである。彼がインターン時代を過ごしたニューヨーク市の児童相談所は、個人からの寄附にもとづくニューヨーク福祉基金で運営されていた。この時代、その「収奪」が社会的批判の対象となった資産家たちが、こぞって「富の社会的還元」をはじめた時代的産物であったのである(Cooke, 1973)。

3 臨床家ロジャーズのデビュー舞台

ロジャーズがニューヨーク州ロチェスターで臨床家としての第一歩を記した翌年(一九二九)、あの「暗黒の木曜日」と呼ばれる株式の大暴落に端を発した大恐慌が世界をおおうことになる。

大恐慌がおこった当時のアメリカの救貧制度は、各州それぞれの救貧法によるものと民間団体の施設によるものが主であり、連邦の制度はアメリカ先住民や復員軍人などを対象とするごく少数のものに限られていた。しかし事態はこの程度の社会システムでどうなるものではなく、失業救済のための新しい施策の確立が叫ばれるようになった。しかし連邦としてフーヴァー大統領のとった措置はきわめて消極的なものでしかなかった。アメリカ的「自由」の伝統は、経済活動に対する政府の介入を忌避するものであったからである。こうした状況のなかから、救済基金や救済行政機関などを設置する州が現れはじめた。その先駆となったのがロジャーズが臨床家として働きはじめたニューヨーク州であり、その州知事がF・ルーズベルトであった。ロジャーズが臨床家としての職を得たのは「児童愛護協会」の施設であり、ここは、非行や貧困のために福祉施設に収容されている子ども達の相談を受ける機関であった。都市における児童をめぐる環境が極度に悪化していたことをうかがわせる。

絶望が全米を支配していた一九三二年、フーヴァーを破って大統領となったルーズベルトが就任三カ月のうちに次々と打ち出した「ニューディール政策」は、国家の介入を極力抑制することを基本原理としていたアメリカ資本主義に決定的な修正を加えることになった。大恐慌は、まさに世界大恐慌として、ドイツにおけるナチス台頭の跳躍台となり、日本においても軍部の台頭を促す要因となった。一方ロシアにおいては、革命十余年を経たソビエト連邦が第一次五カ年計画を着々と進めつつあった。アメリカにおいても社会主義政党、特に共産党は、一九二九年には一万人に満たなかった党員が、三〇年代半ばには四万人以上にふくれあがり、当時の社会状況を背景とした労働運動や社会運動に多大な影響力を行使しはじめていた。

このような社会動向のなかで、独占資本の強い反対を押し切って、一九三五年、ルーズベルトは労働者の団結と争議権を連邦の段階でみとめるワグナー法を成立させ、また社会保障法をも成立させた。この法律は、正式名称を記せばほぼ概略が知れる。すなわち「連邦政府の行う養老手当制を制定し、さらに各州が、老人、視覚障害者、被扶養児童ならびに身体に障害をもつ児童、母子の福祉、公衆の保健および州失業保障法の管理について適切な処置を講ずることができるようにし、これによって一般人の福祉をはかろうとする法律」というものである。

大恐慌の嵐のなかで、みずからの機関の限界をうったえつづけていた公私各機関の社会事業家たちは、ルーズベルトの社会政策にこぞって協力していった。そしてこの社会保障法の成立は、それまでの民間の社会福祉事業に比して、社会福祉政策や公的な社会福祉事業のウェイトや勢力を急激に増加させた。そればかりではない。社会福祉事業の国営化、社会化の過程のなかで、必然的に諸技術の場が確立せしめられてきたのである。すなわち「巨大化した社会安定装置の作業技術」として、社会事業諸技術はしだいに再評価、再編成され、そして確立していった。そしてさらに当時の一般労働者の動向に歩調をあわせ、社会福祉事業従事者は職能別組織としての「社会事業従事者組合」を結成するまでに、その地位を固めた（一番ケ瀬、一九六三）。青年ロジャーズは、こうした三〇年代の社会福祉事業の上げ潮にのって、臨床家としてのデビューを果たしたのである。

しかしながら、アメリカの社会福祉事業は、すでに二〇年代に「慈善事業」から「社会事業」へと用語転換がなされたことに象徴されるように、その公共性を強めたものの、「黄金の二〇年代」と呼ばれる未曾有の繁栄は、アメリカ国民の社会感覚を鈍らせてしまった。そしてこのような時代の風潮のなかで、社会福祉事業もまた社会改良的意欲を失い、技術自体の内的な充実のみに専念し、「ソーシャル・ケースワークは、人とその社会環境との間に、個別的に、効果を意識して行われる調整を通して、パーソナリティの発達をはかる諸過程から成立している」（Richmond, 1922：小松訳）との定義を下さしめていた。この定義はあと一歩で心理臨床の道に分け入るかのごときものである。心理臨床家ロジャーズのデビュー舞台は、すでに主役の登場を待つばかりであったのである。

四　ロジャーズにおける中年期の危機

1　オハイオからシカゴへ

一九四〇年、ロジャーズ三八歳の年、彼はオハイオ州立大学に教授として迎えられる。『問題児の治療』が評価されたためである。ここで彼は大学院生に心理臨床の演習——大学で行われたスーパーバイズ方式による最初の臨床と言われている——をほどこしながら、「自分がこれまで学んできたことを講義するようになって、はじめて自分の経験から独自の特徴ある立場を発展させているのかもしれない、と自覚」（Rogers, 1961：村山訳）するようになった。その年の暮れ、ミネソタ大学でそれを発表。非常に強烈な反応が返ってくることになる。そこはウィリアムソンを中心とする「指示的アプローチ」の拠点であったのだ。彼のアプローチはたちまちに賛否両論の渦を巻き起こし、二年後の一九四二年、その論争を受けて『カウンセリングと心理療法』を公刊することになる。

ロジャーズの生涯の〈仕事〉を振り返っても記念碑的な意味をもつ同書については第Ⅰ部で末武が触れる。また当時の最先端の技術である録音装置を駆使した面接逐語記録の成果、「ハーバート・ブライアンのケース」については、Ⅳ部3章でも諸富が別の角度から論じているのでご参照いただきたい。

オハイオではわずか五年を過ごしただけであったが、公的には臨床家としての名声をうちたてる第一歩を踏み固め、新しく結成されたアメリカ応用心理学会の臨床部門の部長をつとめた。また私的には長男デヴィッドと長女ナタリーは青年前期をここで過ごし、それぞれ医学と心理学に人生の舵をむけつつあるという、家族としての成長期でもあった（Rogers, 1966：村山訳）。

一九四四年、ロジャーズはアメリカ応用心理学会の会長に就任し、翌四五年、最も実り豊かな年月を送ることになるシカゴ大学に永年教授として迎えられ、カウンセリングセンターを創設することになる。

ロジャーズの〈仕事〉全体から眺めると、このシカゴ時代は、臨床家ロジャーズから理論家ロジャーズへと変貌をとげる時期とみることができる。確かにシカゴにおける一二年間は、他のいかなる期間よりもよく学びよく貢献した時期であり、援助的関係に対する基本的見解が、結実したのもこの期間であり、これらの見解は非常に多忙なサービス機能を果たす中から生まれてきたことは事実としても、ここでのロジャーズのはたらきは「スタッフを自由にし、カウンセリングセンターのわれわれ全てが、その仕事、福祉、将来にともに責任を持つことを学んだ」（同書、二二七頁）と言えるようセンターを運営することに重点が置かれ、狭義の臨床家の地平を離れたように見えるのである。

そしてこの時期は、本書第Ⅱ部で保坂が検討をくわえるように、パーソナリティ論と治療論を軸として、『クライアント中心療法』が著され、臨床家としても理論家としても一家を形成した時期である。またこの時期は、第Ⅲ部において諸富が展開するように、自身の治療論を教育場面にまで拡大し、学生中心の授業を展開することによって、彼の教育観の基礎を形成した時期でもある。

さらに彼は一九四六―一九四七年にアメリカ心理学会の会長という要職をつとめ、臨床訓練の方式や職業としての心理学の試験委員会を結成したり、精神医学と心理学の間の緊張を解消するための努力を続けた。この時期ロジャーズは、アメリカにおいて臨床心理学が実践的にも理論的にも社会的認知を獲得するための、まさに最前線で活躍していたのである。

2 ロジャーズの「影」

このような華々しい活躍の一方で、シカゴ時代のロジャーズについて見逃すことができないのは、一時期強度の不適応に悩んだことがあったという事実である。きっかけはオハイオ時代に接触していた女性の統合失調症者がシカゴに移転してきたために再び治療関係をもったことであった。

「現在、私にはわかっているが、彼女との接触の仕方が悪かったと思う。私は動揺して、彼女と温かくリアルに接したり、あるいは彼女の精神病的な深い混乱に私が恐ろしくなった時『職業的』になり、よそよそしくなったりした。このため彼女は非常に強い敵意（依存と愛情をともなった）を持つようになり、それは私の防衛を完全に突き破った」（Rogers, 1966：村山訳、二三一頁）。

彼はセンターの若い精神科医ルイス・チョールデンに彼女のケアを頼むと同時に、

「家に帰り今すぐ逃げださなければならないとヘレンにいった。今でこそ、静かに、『逃走旅行』として説明できるが当時は一時間以内に自動車で出発し、二、三カ月留守にした。ヘレンが冷静に私がこの混乱から立ち直れると元気づけてくれたり、私が事件を話せるようになった時に喜んで聞いてくれたことはたいへん助かった。しかしながら、われわれが家に戻った時には、私はまだセラピストとしてはかなり不十分な状態にあり、人間としても値打ちがないし、心理学者として、あるいはサイコセラピストとしてはもうやっていけないのではないかと感じていた」（同書、二三二頁）。

このような心理的危機を乗り越え、彼は自身のなかに湧き起こるさまざまな感情を信頼することを学び、そのことが自己一致あるいは純粋性というセラピストの主体性の強調となって現れた、と村瀬ら（一九九〇）は言う。だが中年期のこのエピソードは、彼の臨床的方法がどのような資質に支えられていたかということを考える上でも重要な意味をもつ（久能、一九九六）。

一節で触れたように、ロジャーズにあっては、もともと〈性〉と〈暴力〉というエロス的要素は決定的といえるほどにその意識世界から排除されていた。その半面、〈知〉と〈経済〉というエロス的要素は過剰なほどに彼の意識世界を占有していた。このような構造において、ロジャーズのパーソナリティとは、近代精神医学が描きだしたところの典型的な「分裂気質」であったと言える。このようなエロス的構造をもったロジャーズにたいして、前述の「統合失調症者」の女性は、ユング心理学でいうところの「影」としてロジャーズの前に現れたのだ（久能、一九九六）。

つまりはこういうことである。〈近代〉における精神障害者は、通常の労働過程にはいりこむことが困難であるという事実によって、またその困難は多くの場合、〈性のエロス〉の交歓過程としての対人関係の困難に裏うちされることによって、〈経済のエロス〉の発現が阻害される者、という意味づけがなされる。しかしながら、ロジャーズのクライアントでもあった妄想型の精神障害者においては、症状としては重篤な状態を示していたとしても、その内的世界においては、なおも一貫した〈世界〉を構成するために絶望的な知的努力がなされていたはずであり、その意味においては彼女の〈知のエロス〉はその心的世界を圧倒していたのである。そしてさらに、彼女の〈性のエロス〉は、〈暴力のエロス〉にそれ自体を仮託してその世界認識をロジャーズに伝えようとしてあがいていたはずである。だが一般に、〈暴力のエロス〉に跨がった〈性のエロス〉は、その凄まじいエネルギーによって、「健常者」の心的均衡をゆるがすものとなる。彼女の〈知のエロス〉は、ロジャーズが「彼女の洞察は私のそれよりも健全であることを認め」(同書、二三二頁)ざるをえないほどに対象(この場合には「臨床家として現前する人間ロジャーズの本質」)を正確に撃ちつづけていたに違いない。「一匹の猫が私の内臓をかきむしっているが、ほんとうはそうしたくないのだという彼女の夢」(同書、二三二頁)は、その正確さの驚異的な象徴であろう。つまり、この「女性の統合失調症者」は、それまでのロジャーズが生きえていなかった〈性のエロス〉と〈暴力のエロス〉とを体現する存在として彼の目のまえに現れ、彼がその前半生をついやして鍛えあげてきたはずの「知の構造」を破壊し、彼の内的世界に強烈な一撃をくわえたのである。これが彼女が中年期ロジャーズにとって「影」たりえたことの構造であったのではなかろうか。

3 一九四〇年代―五〇年代のアメリカ社会

一九四〇年代から五〇年代のロジャーズは、このような心理的な危機にみまわれながらも、臨床心理学の世界で一家をなすにいたる最も実り多き時期であったのだが、ここで、その二〇年間のアメリカ社会の全体像を描いておかなければならない。

前節で、ロジャーズが臨床家としてデビューした当時の三〇年代アメリカ社会を素描した。アダム・スミス以来の「見えざる手」を払いのけ、大統領ルーズベルトは「見える手」としてのニューディール政策を打ちだし、積極的な経済の建て直しをはかっていった。しかしヨーロッパにおいてはドイツとイタリアが、アジアにおいては日本が、大恐慌による経済的破綻を繕うべく軍事力をもって他国を侵略し、ここに第二次世界大戦が勃発する。ロジャーズがオハイオ州立大学に職を移した一九四〇年、日・独・伊三国同盟が結ばれ、その翌年の一二月八日、日本による真珠湾攻撃によって、それまで中立を保っていたアメリカはついに参戦することになる。そして全面的な戦争経済の移行によって、アメリカ経済は完全に息を吹き返すことになる。一九三九年には千二百万人を数えた失業者の大群は急速に膨れあがる軍需を中心とする産業に吸収され、ニューディール政策がめざした「完全雇用」の理想は、皮肉にもこの戦時経済において実現することになるのである（清水編、一九八六）。

ロジャーズは、シカゴ大学への招聘を一九四四年の夏にうけていたのだが、「私はその招請を次の学期に引き受けることはできなかった。私は心理的問題をもった軍人たちに手をやいていたUSOの専門職員に、簡単なカウンセリングの方法を教えることで戦争遂行に協力する仕事を引き受けていたからだった」（Rogers, 1966：村山訳、二二五頁）。戦時体制におけるこのような科学者の動員による最大の「成果」は、アインシュタインやオッペンハイマーらの協力によって成しえた原爆であろう。一九四五年七月にニューメキシコ州で実験に成功したその原爆は、翌月には日本の上空で炸裂していた。

第二次大戦後のアメリカは、ルーズベルトの後を継いだトルーマンによって「武装した少数者や外部からの圧力によって征服が企図されたことに抵抗しつつある自由な諸国民を援助することが、合衆国の政策でなければならない」とするトルーマン・ドクトリンが確立し、ヨーロッパの復興のために大規模なアメリカの援助が必要であると説いたマーシャル国務長官のマーシャル・プランによって、アメリカは自国のドルが世界の通貨となるほどに政治・経済上の圧倒的影響力を発揮しはじめるのである。しかしながら、ファシズムとの戦いを米英とともにしたソ連は、このようなアメリカの世界支配に反発。ここに二〇世紀後半の冷戦構造ができあがってしまう。アメリカのGNPは、一九四〇年の千億ドルから一九五〇年には二八五〇億ドルへ、さらに一九六〇年には五〇四〇億ドルへと膨らみ、個人当たりの所得は一九四〇年の五九五ドルから一九六一年には二二六三ドルへと跳ね上がった。こうして冷戦構造下の資本主義陣営に、「アメリカン・ウェイ・オブ・ライフ」と呼ばれる中産階級を中心とする〈豊かな社会〉における生活文化が世界中に広まることになるのである（清水編、一九八六）。

4　ロジャーズの体系の主題――『経験』の希薄化への応答

フロイトの著作を繙いた者はだれでもその理論に力学的発想が満ちあふれているのを見いだすであろう。一九世紀の自然科学、とりわけ物理学の目ざましい発展は、心的世界の構造をエネルギー論的発想で組み立てることを可能にしていたのである。そしてフロイトは、ヴィクトリア朝的偽善に満ちた一九世紀末ヨーロッパという時代から「抑圧」という鍵概念を発見する。

ではロジャーズは、どのような時代状況に応答することによって、みずからの臨床理論を構築したのであろうか。第Ⅱ部で保坂が読み解くように、ロジャーズのパーソナリティ論、とりわけ不適応論をひと言でいいきってしまえば、「経験と自己概念の不一致がもたらすもの」ということになる。フロイトのそれと比較すれば一見きわめて平板な印象を与えるこのテーゼの背景にはどのような時代状況があったのか。

この点でアメリカ史研究に新局面を開いたとされるD・ブアスティンの視座は有効である。ブアスティンは言う。「人生は取り返しのつかない、反復不可能なエピソードの連続であった。時間は唯一無比の瞬間の連続体であった。それぞれの瞬間は現在だったのであり、けっして二度とない。過去は呼び戻せないところに去ったものであった」。しかしながら「二〇世紀のアメリカでは、このような古くからの真理が真理であることをやめようとしている」(Boorstin, 1973：木原訳、一九七六)。

そしてブアスティンは、アメリカ社会のおびただしい断面を読者に指し示しながらそのことの意味を伝えようとする。たとえば写真である。一九世紀の末にイーストマンが「Kodak」の商標で市場に送りだしたカメラは、たちまち数百万のアメリカ人をアマチュア・カメラマンに仕立てあげた。すでに南北戦争時代に人間の破壊的行為が写真におさめられ、人々をその悲惨さに驚かせたものであったが、いまや日々の経験は、未来のどんなときにも視覚的に反復することができるようになった。

そして同じ一九世紀末、エジソンは回転する金属製のみぞのある円筒に「メリーさんの子羊」という歌をみずから吹き込み、その声を再現して見せ、後にベルリーナーが今日見るような平らな円盤に録音する方式に改良して「グラムフォン」という商標で売り出す。こうしてレコードは第二次大戦後の一九四七年には四億枚以上が販売され、音楽的な名声の尺度は売上百万枚以上の「ゴールデン・レコード」を何枚だしたかということになった。

「音楽は、もう一つの、だれもが鑑賞できる反復的経験にすぎなくなってしまうや、唯一の経験としての特殊性をほとんど失った。（略）『音楽』がいたるところにあるとき、そもそも音楽といえるのだろうか。聴取者は本当に聴いているのだろうか。アメリカ人は自分たちが聴いているのかどうか本当に知っているのだろうか」（Boorstin, 1973 木原訳、九五－九六頁）。

この写真と録音とを合体させたのもエジソンであった。この発明によって、人間は音と映像とをいつでも再現できるようになり、映画は「独特のアメリカ的芸術」にまで高められた。そして三〇年代には、テープレコーダーが、そして五〇年代にはビデオレコーダーが発明され、「即時録音再生」の技術が普及したことは経験の唯一性を解体する、もう一つの決定的な前進であった、とブアスティンは言う。

それればかりではない。一九世紀末にベルが特許を取得した電話は、二〇世紀初頭には日常的な有用品となり、ベルの会社はUSスチールを圧倒してアメリカ最大の企業に成長していた。また二〇年代初頭に売り出されたラジオ受信機の年間生産台数は、第二次大戦前には千万台を数えた。そしてテレビはさらに別の世界を切り開いた。表面的には、それは活動写真や蓄音機の技術とラジオのそれとを合体させただけのように見えたが、それ以上の何かをアメリカ人の意識につけ加えた。「テレビは、アメリカ人を一瞬にしてどこにでも連れていき、夢中にさせるような圧倒的な経験で現在の瞬間を満たしながらも、かれらの過去についての意識を鈍化させ」（同書、一〇六頁）たのである。

前項で述べた超経済大国に膨れあがったアメリカ社会を塗り込めた中産階級意識の内実は、過去という時間がいつでも再現でき、物理的距離という空間をこの場に引き寄せることができるという幻想をふりまき、「今、ここで」の経験の唯一性を希薄化してしまったのである。「生命体としての自己の経験」の回復を主題とするロジャーズの臨床理論は、このような二〇世紀アメリカの文明がもたらした経験の変質からすれば、きわめて切実な課題にたいする応答であったと言えるのである。しかも彼は、こうした経験の希薄化を推し進める一要素となった最先端技術――テープレコーダーを駆使して経験の唯一性の奪回に至る道筋を明らかにしようという、まことにパラドキシカルな〈仕事〉に打ち込んでいたことになる。

五　統合失調症プロジェクトの挫折と西海岸への転進

1　六〇年代のアメリカ社会

一九五七年、五五歳のロジャーズは、ウィスコンシン大学へ心理学と精神医学の併任教授として招聘され、一二年間におよぶシカゴ大学での生活に別れを告げる。ウィスコンシンでロジャーズは六〇年代の半ばまでをすごし、六〇年代の後半以降は彼の最後の活動拠点となる西海岸へと移り住むのである。本節では最初に、彼が中年期後半から初老期を生きた、六〇年代アメリカ社会の全体像をつかんでおくことにしよう。

ひと言で言えば、「激動の六〇年代」ということになる。ロジャーズがシカゴを離れたちょうどその年の秋のある朝、世界中の人々が仰天する出来事が起こった。ロシア人が打ち上げた、わずか一八四ポンドのアルミ合金が、「世界の警察官」アメリカの軍事的優位性に強烈な一撃を加えることになる。「スプートニク」と名づけられたその人工衛星を打ち上げた軍用ロケットは、ソ連から「世界のどこへでも」正確に発射可能であることを証明したのである(Boorstin, 1973：木原訳、三一九頁)。

さらに一九六一年、四三歳の若き大統領ケネディが宣誓式に臨んでから三カ月も経たないうちに、人類最初の宇宙飛行士となったガガーリンに対し、首相フルシチョフが地上から祝福の言葉を送りつつ、こう述べた。「資本主義諸国もわが国に追いついてみたまえ!」(同書、三二三頁)。

それから一カ月後、議会での演説でケネディは、「緊急の国家的必要」として「わが国は一年以内に一人の人間を月に着陸させ、地球に生還させる」という歴史上もっとも費用のかかった――一九七二年までに原子爆弾の費用の何倍にも相当するにもかかわらず、本当のところ、それが何の役に立つかは漠然としている――「科学的大冒険」に乗り出すことを明らかにした。アポロ計画である（同書、三二五－三二六頁）。

そして六〇年代の最後の年、そのとおりになった。アポロ11号のアームストロング船長が「人類の偉大な一歩」を月面にしるしたのである。だがその時すでにケネディは、この世の人ではなかった。一九六三年、テキサス州ダラスで一発の凶弾が彼の頭を撃ち抜いていたのである。

一九六三年という年は、これも夫人同伴、衆人環視の中で暗殺されたリンカーン大統領による奴隷解放宣言の百周年にあたっていた。すでに五〇年代半ば、最高裁が公立学校で人種別隔離教育に対し違憲判決を下してから、キング牧師の指導による非暴力主義に基づく人種差別撤廃運動は、ワシントンのリンカーン記念堂で、黒人と白人リベラル二〇万人をこえる聴衆を前にしたキング牧師の演説によりクライマックスを迎えていた。だが、アメリカ社会に深い影響を与えた「非暴力革命」も、ケネディ大統領の死と引き換えのように成立した公民権法が実際上の差別には何の力ともなりえない現実をまのあたりにせざるを得なかった。こうして六〇年代後半には、北部や西部の黒人スラム街をかかえる大都市で火を噴いた人種暴動の中から、必要とあらば武器をとることも辞さないとする「ブラック・パワー」が雄叫びをあげ、ノーベル平和賞受賞者キング牧師もまた、一九六七年、凶弾に倒れるのである（猿谷、一九九一）。

黒人たちの革命は、ますます深くアメリカ社会全体の変革を促しはじめた。一九六四年、カリフォルニア大学バークレイ校の一学生マリオ・サビィオは、ミシシッピー州での公民権運動への参加体験によって開かれた眼によって、大学の管理体制が特権的少数者によって学生の政治的表現を抑圧するための装置として利用されていることを暴き、そこから全米に大学闘争の嵐がまきおこることになる（猿谷、一九九一）。ケネディの後を継いだジョンソン大統領は、「偉大な社会」政策を掲げ、国内的には社会福祉法案やマイノリティ関連法案を次々と成立させながら、一方では同じ六四年、議会からベトナム政策一任をとりつけ、翌年には北爆を開始、泥沼のベトナム戦争へ多くの若者を送るという失政をも演じ、全米に反戦運動を広げさせる結果となった。

ロジャーズが七年間のウィスコンシン生活に見切りをつけ、スチューデント・パワーの発火点バークレイから南に下ること四〇〇マイルの地、カリフォルニア州ラ・ホイヤに彼の最後の活動拠点を移したのは、北爆開始の年、一九六四年のことであった。

2　ウィスコンシン大学への転任と統合失調症プロジェクト

ロジャーズにとってウィスコンシン大学への転任には大きな魅力があった。一つは、心理学者と精神医学者との共同研究が可能であるということ、二つめには住み心地のよい環境があたえられるということ、そして三つめには「大学全体に影響を与えられる」ということであった（佐治・飯長編、一九八二）。いずれにせよ、ロジャーズにとってはかなりの好条件であったにはちがいない。

それまで労苦を共にしたシカゴ大学カウンセリング・センターのスタッフたちにとっては晴天の霹靂であった。彼は、自分がシカゴ大学でできるかぎりの貢献はしたこと、カウンセリング・センターは自分が去ったとしても力強く生きつづけていける組織であること、同大学への転任が自分の成長にとっての挑戦を意味することを彼らは理解できなかったのだ、とロジャーズは言う。後に残されることになるスタッフたちの抗議にも、ロジャーズは決心を翻すことはなかった（Rogers, 1966：村山訳）。

さて、ウィスコンシンでのロジャーズである。

彼は「心理学者と精神医学者との共同研究が可能」という、おそらく彼にとって最大の魅力となった条件をいかし、統合失調症者に対するクライアント中心療法の適応可能性をさぐる、という大規模な研究プロジェクトをスタートさせる。前節で述べたように、アポロ計画に代表されるアメリカの科学は、もはや単独の研究者が一つのテーマを追いかけるという次元をはるかに超えた、ビッグ・サイエンスの時代を迎えていた。ロジャーズのこの研究もまた、「計画と資金集めにかなりの期間を費やし」「私の生涯で最も複雑で困難なリサーチで」（Rogers, 1966：村山訳、一三七頁）あったと、晩年の彼が述懐するように、心理臨床系の実証研究においては空前絶後の規模であった。

この研究の成果と限界点については、第Ⅰ部では末武が実践的な視角から、そして第Ⅱ部では保坂が理論的な視角から論じているので、それらを参照しながらこの研究プロジェクトの壮大さの一端にふれていただきたい。

ここでは、このプロジェクトにおける彼の苦難についてふれる。彼の回顧を読んでみよう。

「このような研究を実現していくのは困難をきわめたが、とにかく遂に実行に移された。この研究に非常に貢献した人々の名前をここであげたいところだが、最終的には二百人以上の人が含まれることになるので、どこできっていいのかわからない。私しかしながら、私がリサーチスタッフを組織した方法に欠陥があり、しかもそれらはほとんど致命的といえるほどだった。私がさまざまな研究活動に手広くタッチしなければならなかったので、カウンセリングセンター時代のように、スタッフを統一的な哲学と展望にまとめあげる時間がとれなかった。仕事はとても大規模だったので、このための時間をほとんどとれないように思われた。私はグループかそれ自身に対して責任を持つことを望んだが、このことを実現するために十分な時間やエネルギーを使わなかったので、スタッフはグループやグループの研究活動に十分な責任感をもつことができなかった。その結果、研究グループの重要なメンバーの一人が、私が（他の人たちもであるが）非倫理的とみなした行動をやっていた時、これを処理する強固な地盤ができていなかった。その時起こった混乱の大部分は私が一年間パロアルトに滞在していた留守に起こったという事実は、問題を複雑にした。知人であり、有能な仲間として信頼していた人物が非倫理的な人物かもしれないと信ずることは私にはむずかしかったので、私の態度は揺れ動いた。緊急の場合のため、これまで自由にグループに与えてきた権威を私の掌中に取り戻そうとした。このことも重大な誤りだった。その後の騒ぎ、責任のなすり合い、データの紛失、誤解、外部の人びとの干渉などのために、この期間は明らかに私の全職業生活の中の最も苦しい、悩まされた時代だった。スタッフたちの主張により、研究結果の分析の大部分は完全にやり直されることになった」（同書、二三七－二三八頁）。

中年期後半のロジャーズをみまったこの苦難について、保坂（久能、一九九六）は、果してロジャーズがウィスコンシン大学への転任そのものに、本当のところではどれだけ積極的であったのか、という疑問をなげかけている。心理学と精神医学の併任教授であるとか、統合失調症の研究プロジェクトなど、無理難題を言えば同大学も招聘をあきらめるだろう、との読みがはずれ、全部条件が呑まれてしまったために行かざるをえなくなった、というのが本音ではないか、と推測する。また末武（久能、一九九六）は、保坂の推測に共鳴しつつ、六八年の著作の編者でもあるジェンドリン、キースラー、トルーアックスらの「若手」たちが、初老のロジャーズを担ぎ上げてのことではなかったか、と想像する。ウィスコンシン時代のロジャーズには、もともとこの壮大な研究プロジェクトのすべてをコントロールするだけのエネルギーは実は持ちあわせてはいなかったのだ、というのである。しかもウィスコンシン時代のロジャーズは、後に記すように、このプロジェクト以外にも多くの関心事を抱えていた。この点は、ロジャーズ自身の回顧には記されない、いわば「裏面史」であるだけに、われわれの想像を刺激するエピソードであり、今後のロジャーズ研究による解明をまつほかはない。

このウィスコンシン時代は、彼自身が「私の全職業生活の中の最も苦しい、悩まされた時代」と回顧しながらも、「私の人格的なバランスを保つ上で幸運だったことは、（略）妻ヘレンと私は、エステスパーク近くにある六〇年前に建てられた可愛い丸太小屋に引きこもり、三週間の間に『人間の生成について On Becoming a Person（1961）』の資料を整えた。（略）そんなことをしていながらでも、山小屋の後の岩山をハイキングしたり、たくさんいた鹿や他の野生動物を楽しんだ…（略）…一九六一年夏には、日本に船で旅行することになった…（略）…一九六二年～一九六三年にかけて、私はスタンフォード大学高級行動科学研究所員として過した。この一年間はいろいろな意味で有意義かつ刺激的な年だった」（同書、二三九－二四〇頁）としている。中年期の危機のときとは異なり、初老期ロジャーズには、精神のスタビライザーをさまざまにはたらかせる知恵がそなわっていたに違いない。

3 「管理的方法の革命」の挫折と西海岸への転進

統合失調症プロジェクト以外にもロジャーズを悩ませたことは多かった。「学生中心の教育」を目指すロジャーズはさまざまな抵抗に直面したようである。また、誰に対しても、いつも手紙などでストレートに意見をぶつけるという「直接的コミュニケーション」を旨とした彼の行動が大学組織に巻きおこした波紋の大きさは想像にかたくない。先にふれたように、ウィスコンシン転任の条件として、「大学全体に影響を与えられる」ということが約束されていたようであるが、ロジャーズとしても、それなりの成算があってのことであったろう。一九四八年（シカゴ大学への転任二年後）の講演のなかでロジャーズは、人間中心のアプローチをカウンセリング・センターのマネジメントに適応して得た自信を「管理的方法の革命」と表現しながら報告している。

「ほぼ五〇人に成長したスタッフ・グループには、いつも興奮と変化と個人的成長が見られた。その一二年間に見てきたほどの、グループへのこんなにも献身的な忠誠心と生産的で創造的な努力を、私はかつて見たことがなかった。労働時間の多少は意味をもたず、一日の全時間、夜遅くまで、週末も休暇も、スタッフ・メンバーたちは自分たちが望むがゆえに働いたのであった。（略）権力が分散された時には、予算委員会であれ、何であれ、誰がその調整役あるいは座長になったところで大問題ではないことを私は発見した。そういうわけで、管理的な仕事はしばしばスタッフの最新メンバーによることが求められた。（略）われわれは秘書役のスタッフと、訓練中の大学院生と、インターンと、スタッフ・メンバーの間の差別を決してしなかった。（略）私は、管理問題においては個人的感情が絶大な重要性を持つことを見出した。スタッフはしばしば何か些細な問題を論ずるのに、数時間も（と思えたのかも知れない）費やしたものだ。それは、感受性の鋭いメンバーがその問題の根底にある感情——個人的憎悪、不安定の感情、二人の自称リーダーの競争、言い分が本当に耳を傾けられたことがなかった人の恨みのみから出たものであるとか——を感知し、指摘するまで続いたのである。（略）われわれは危機を切り抜ける大変効果的な方法を発展させた。グループの外側から脅威または危機が起こった時——徹底的な予算カットとか精神医学教室による攻撃がその例だが——グループは直ちに結集し、自分たちの最良の判断に基づいて危機に対処すべく、一メンバーまたは数人に全権を委任する傾向があった。危機が内側に起こった時——反目する二人のスタッフ間の感情のくすぶりとか、スタッフ・メンバーの行為についての倫理上の疑惑など——は、全スタッフの特別ミーティングを招集し、複雑に入り組んだ個人的感情に風を通し、ある種の受容できる対人的解決を促進する傾向を常に持っていた」（Rogers, 1977：畠瀬訳、一二六－一二九頁）。

しかしながら、このような「管理的方法の革命」もある限界点をもっていたことを彼も認めている。

「われわれのカウンセリング・センターの運営方法は、学部長の監督下で行われていたのだが、その学部長の管理の実際を変化させることはなかった。もとより、決定的にヒエラルキーを持っていた大学全体の管理には、何の影響も及ぼしえなかった」(同書、一二九頁)。

おそらくロジャーズは、彼の「管理的方法の革命」を、ウィスコンシン大学という組織全体に及ぼしうる可能性に再度挑戦したのであろう。そして彼はここでも挫折を味わうことになった。ロジャーズは「私の経歴における現段階において、一体大学は私になにを提供しただろうか。研究の上で大学は特別な援助をしてくれるわけでもないし、教育上でも私は自分の信念をまったく違った型にはめ込まされたし、学問的な刺激を得るという点でも、思考と目標がお互いにたいへん離れているので、仲間から得るものもほとんどないことを悟った」(Rogers, 1966：村山訳、二四二頁)。

一九六四年、ロジャーズはウィスコンシン大学に別れを告げる。六二歳の時であった。本節1項で述べたように、この年、カリフォルニア大学から大学改革の狼煙が上がるのだが、七年に及ぶウィスコンシン生活とは、ある意味で大学の管理体制に対するロジャーズの「たった一人の反乱」であったと言えるのかも知れない。

この年ロジャーズは、以前から理事会の一員を勤めていた、カリフォルニア州の西部行動科学研究所に移る。ここで彼は、今まで個人療法に研究の焦点をあてていたために注力できないでいたグループ・アプローチに専念し、ここを「エンカウンター・グループ」で世界的に著名な研究所としていく。しかしながら、六〇年代の終り頃には、ここでも党派的な対立が生じてきたという(佐治・飯長編、一九八三)。

「ロジャーズらのエンカウンター・グループが有名になりすぎたために、研究所に固定的なイメージができてきて、他の部門の人々は不快を感じるようになった。また、きわめて自由で民主的だった運営方法にも不一致が生じてきた。例のごとくストレートなメッセージを伝えた後、ロジャーズは約二五名のスタッフとともに、西部行動科学研究所から独立して、やはりラ・ホイヤに人間研究センター（ＣＳＰ）を作った。一九六八年のことである」(同書、二二一頁)。

六　「静かなる革命家」ロジャーズ

1　七〇年代以降のアメリカ社会

七〇年代のアメリカ社会は、大恐慌の三〇年代とはちがった意味で「暗い時代」であった。アメリカの「黄金時代」の黄昏に入ったとはいえ、旧ソビエト連邦と東西を二分するいわゆる冷戦構造の中で、「世界の警察官」として圧倒的な政治・経済的なパワーをもっていた。そのアメリカが建国以来はじめて「敗戦国」となる。いうまでもなくベトナム戦争の敗北である。

国内的にもさまざま問題が噴出していた。一九六八年に大統領に就任したニクソンの役割は、激動をきわめた六〇年代のアメリカ社会に鎮静剤を投与することであった。折しもかつての政敵ケネディがまいた種が実りを結び、ニクソンが刈り取る幸運に恵まれた。アポロ11号の月面着陸である。幸先のよいスタートを切ったニクソンは、七一年には突然の中国訪問、さらにドル防衛のために金とドルの交換停止など内外に成果をあげて七二年に再選を果たす。ところが翌七三年は、先に述べたようにベトナム敗戦と、中東産油国によるオイル・ショック、さらに前年の大統領選にからむウォーターゲート事件によって、ついに七四年に辞任に追い込まれるのである。一九七六年、ニクソン辞任の後を継いだ現職の大統領フォードを破り、経済的にも政治的に遅れをとっていた深南部ジョージア州知事カーターに政権が引き継がれたものの、民主主義の盟主を誇っていたアメリカ国民の傷を癒すには至らなかった。ソ連の書記長ブレジネフとの間で七九年にはＳＡＬＴⅡ（第二次戦略兵器制限交渉）を締結する一方で、アフガニスタンへの侵攻を許し、イラン革命によってテヘランのアメリカ大使館が占領され、大使館員が人質になった（猿谷、一九九一）。

アメリカ国民の誇りをいたく傷つけた当時の世相がどのようなものであったか、ロジャーズが自身の眼に映ったアメリカ社会を読んでみるとよい。

「わが国憲法の原理、特に権利章典は、パースン・センタードの価値観に基づいているのだが、その精神が徐々に崩れてきている。（略）個人の自由とその保証を政治の場から眺めると、民主主義的価値観の侵食は一層はなはだしい。国民は自分の選んだ人たちを信頼していない。政府や議員に対する皮肉で懐疑的態度は国民に広く深くひろまっている。この態度は相互に見られ、政府も国民を信頼していない」（Rogers, 1977：畠瀬訳、三二二－三二三頁）。

「個人の尊厳の軽視傾向は政治の場だけではない。（略）教育組織は形骸化し、社会の要請に合わなくなっている。新しい試みは息の根を止められ、試みを始めた人たちは左遷される。（略）経済という面から見ると、狂っているとしか思われない。世界第一の豊かな国が、国民の健康を守ることすらできないと言うのだから……。貧困をなくそうとする努力そのものが退けられて、依然として国民の上層八パーセントの人々が国民の下層五十パーセントの所得よりも多くを得ているのである。（略）巨大企業がわが国の政府並びにわれわれの生活に途方もなく大きな影響力を持ち、厚かましいことに他国のことにまで干渉しているのである。（略）わが国のキリスト教会は重要な社会的影響力の与え手ではなくなってきた。彼らの目指すところは人間中心の視点に対立している。教会制度は厳格な階層制をとり、忠節に基づくリーダーが他の人を支配する形になっていて、リーダーはカリスマ的特性を持っている。わが国の家庭は混乱した状態におかれている。夫と妻は互いに独立し、親は思春期を迎えた子どもたちと話が通じ合えなくなっている。家庭は何の力も持たなくなっているのに、個人の尊厳を重視するよりも権威主義的なのである。暴力が恐ろしい速さで広がっていることを否める人はいない。大都市では、多くの人が二重三重に鍵を下ろしている。夜間のひとり歩きなどは、ちょっとした嫌がらせから強奪までさまざまな危険が伴う。公園は市民の憩いの場から、待ち伏せや強盗の巣に変わってしまった」（同書、三二三－三二五頁）。

このような社会状況を経て、一九八〇年にアメリカ国民が選んだ大統領は六九歳のレーガンであった。一九六〇年には当時四三歳のケネディを選んだ国民が、二〇年後にはケネディより六年先に生まれた老人を大統領に選んだのである。アメリカ史家猿谷（一九九一）は言う。「つまりこのときのアメリカには、もう若さなど必要ではなかったのである。人々が求めていたのは、かつての栄光を甦らせてくれそうな、強くて老練な政治家だったのだ。超大国の夢を復活させ、冷戦の一方の旗頭であるソ連さえも震え上がらせるような優越した存在にさせてくれそうな政治家を、多くの人たちは欲していたのである」（二四六頁）。

レーガンは、対日本を中心とする貿易赤字に苦しんだアメリカに対し、減税や各種規制緩和、歳出削減などをめざす「レーガノミックス」と呼ばれる一連の経済政策を処方すると同時に、八三年にはＳＤＩ（戦略防衛構想）を発表する。これはソ連の戦略ミサイル増強に対応して先端技術の粋を尽くした核弾頭をもつ迎撃防衛体制を築こうとするものであり、当時人気を博した映画「スター・ウォーズ」を地で行く途方もない予算を要するものであった（猿谷、一九九一）。レーガンは、傷ついたアメリカ国民のこころを癒すために、「世界の警察官」たるアメリカを、宇宙空間にまで拡大しつつ、そのイメージの回復を図ったのである。

2　最晩年のロジャーズ

さて一九七〇年代以降、最晩年のロジャーズである。

ロジャーズ最後の拠点となった人間研究センターでは、一九七五年から自分たちのアプローチを「パーソン・センタード」と呼びはじめる。この呼称変更は、彼の個人への信頼をより広く人間のコミュニティへの信頼にまで発展させた証としてとらえられている。本書第Ⅲ部では諸富が、一九七七年に著された『パーソナルな力について：個人のうちに潜む強さとその革命的なインパクト』をとりあげ、ロジャーズらの活動を記している。そこで貫かれている理念とは、ひと言でいえば、「自己決定の尊重」ということになる。人は本来、他の誰の意思決定も代わって行うべきではなく、またどの個人も本来、自己決定をなしうるものだ、ということになる。

その具体的展開として、同書では、一三六人のメンバーによる一六日間の集中的ワークショップの例が記録として残されている。このワークショップは、それまでのエンカウンター・グループをさらに拡大させ、ある理念や目的のために人々が集まる場（コミュニティ）の形成過程そのものも、構成員一人ひとりの責任に委ねる試みである。さらに同書では、具体的な社会問題の解決過程に、パースン・センタード・アプローチを導入した例として、ある年の国民健康会議の定例会議において、恵まれない階級の「健康消費者」代表を参加させ、医師や看護師、健康保険会社等「健康供給者」側の代表とともに、ダイナミックなプロセスを形成しつつ、問題解決に至った経緯が報告される。

ロジャーズは言う。「静かなる革命が、あらゆる領域で進行している。それこそがわれわれをより人間的個性が尊ばれる世界へと導いてくれるものである」(Rogers, 1977：畠瀬訳、三六六頁)。

前項に述べたような時代そのものの混乱の中から「新しい人間」が誕生しつつあるというのである。

「私が新しい人間を考えるようになったのは、自分の体験によっている。どこで新しい人々を見出したのかと思われるだろう。私は企業の管理職にある人々の中で、その新しい人々にあったのである。彼は高給と株の取得という誘惑に操られた際限のない競争をやめて、新しい形の単純な生活を始めたのである。また、質素な服装の髪を長くした若者たちが、既存文化に反抗し、対抗文化を創りだしながら生活している中にも見出した。宗教のドグマから離れて、新しいもっと意味のある生活を始めた神父、尼僧、牧師たちの中にも見出した。個性を抑えてしまう社会のしきたりを破って勇気のある生活を始めた婦人たちの中にも見出した。また、幾世代にもわたる受身の生活を乗り越えて、自己主張をしはじめ、積極的生活態度を取るようになった黒人やチカノース(メキシコ系アメリカ人)その他の少数民族の人々の中にも見出した。エンカウンター・グループに参加した多くの人々、すなわち知的思考と同じくらい、感情を大切にしはじめた人々の中にも見出した。積極的学業放棄者で、従来の不毛な学校では達しえないほどの実力を身につけつつある若者の中にも見出した。心理療法に専念していた時代に会ったクライエントたちで、より自由で実りのある自発的生活を選び始めた人たちの中にもみた。これらは、私が見出した新しい人々のごく一部である」(同書、三三三-三三四頁)。

ロジャーズの「静かなる革命」はこうした国内問題にとどまらなかった。一九七三年には、当時の世界での局地的紛争の一つの焦点となっていた北アイルランド問題にかかわり、プロテスタント信者とカトリック信者からなるエンカウンター・グループを実施している。この企画は、そこに集う人々の間で短時間のうちに幾世紀にもわたる経済的、宗教的、文化的憎悪をやわらげていき、各々が各々のセクトの教会にもどり、そのエンカウンター・グループの記録映画を上映するなど、最終的には数千人を巻き込む動きとなったという。そして一九八二年には、人種差別政策によって国際世論の批判の的となっていた南アフリカ共和国にのりこみ、黒人と白人の男女からなるエンカウンター・グループを実施する。そしてこのような国際的な活動の白眉となったのが一九八五年、オーストリアで開かれたワークショップであろう。このワークショップは、中央アメリカ諸国の緊張緩和を目的とし、政治家や政府高官、大学教授や平和運動家ら五〇人が一七カ国から参加。ここでも当初の緊張は解消され、参加者の大半は肯定的な感情を抱いて終了したという。ここに見られるロジャーズの活動は、狭義の臨床（「密室」での対話的治療）を自ら解体し、より広い社会的文脈のなかにそれを開放してゆく、という動きになっている。社会のチェンジ・エージェントとしての臨床家の可能性の追求といってもよいだろう。こうした活動の概要と、ロジャーズの臨床思想との関係については、第Ⅲ部での諸富の論考を参照していただきたい。

七〇歳を越えたロジャーズはすでに七〇年代の前半から死に対する態度に変化がみられはじめ、一九七九年、彼は五四年間の苦楽をともにした最愛の妻ヘレンに先立たれたこともあって、一九八〇年に著された『人間尊重の心理学』（邦訳名）ではさまざまな神秘体験にたいする関心を表明している。第Ⅲ部において諸富は、これまでのロジャーズ研究ではあまり光があてられることのなかった「トランスパーソナリストとしてのロジャーズ」がいる、との注目すべき指摘を行っている。

一九八七年一月、ロジャーズは自宅で転び、腰の手術を受け、手術には成功したものの、心臓発作にみまわれ意識不明に陥った。全米から駆けつけた教え子が別れを告げるのを見届けたかのように安らかな旅路についたという。一九八七年二月四日。享年八五歳であった。

この年、ソ連ではペレストロイカが始まり、二年後にはベルリンの壁が崩壊。九一年にはソ連が消滅してしまった。新世紀に向けて、世界の新しい枠組みの模索が始まったのである。

第Ⅰ部　実践家ロジャーズ

末武　康弘

第Ⅰ部では、カール・ロジャーズの多岐にわたる仕事と活動の中で、その出発点でもあり基盤ともなっている、彼の心理臨床の実践的側面に焦点をあてる。「経験は私にとって最高の権威である」と彼は繰り返し語ったが、その経験とは何よりもまず彼自身の臨床実践のことを意味していた。したがって、ロジャーズという人、そして彼の仕事を理解するためには、まず実践家としての彼の営みと個性を把握する必要があるだろう。ここでは特に、ロジャーズが多大な時間と労力を臨床実践に費やしていた時期（一九三〇年代－一九五〇年代初め）――彼の仕事の中では初期の時期といえる――を中心に、その代表的な著作および関連する論文を検討しながら、実践家ロジャーズの姿を描き出してみることにしたい。その代表的な著作とは次のものである。『問題児の治療』（Rogers, 1939：全集第1巻）、『カウンセリングと心理療法』（Rogers, 1942：主要著作集2巻）、『クライアント中心療法』（Rogers、1951：主要著作集1巻）。

第一章　実践家ロジャーズの出立――『問題児の治療』

一　『問題児の治療』（全集第1巻）の背景

ロジャーズの臨床活動の最初の舞台は、児童相談機関における児童臨床であった。

なぜ彼が、実践の場として児童相談機関を選択したのか。この点については、ロジャーズ自身明確な回想を行っていない。ただ彼は、自伝（Rogers, 1961：主要著作集3巻）の中で、コロンビア大学教育学部大学院で児童臨床の専門家であったホリングワース（Hollingworth, L.）らの影響を受け、児童相談に関心を寄せるようになったと述べている。

「自分が児童相談の仕事に引きつけられていることに気づき、（略）徐々に児童相談の分野に転身しました。私は自分を臨床心理学者と考えるようになりました。この歩みはただ自分が興味ある活動を求めた結果起こったものであり、はっきりした選択というのはほとんどしなかったように思います」（主要著作集3巻、一四―一五頁）。

彼は一九二六年にユニオン神学校からコロンビア大学へ移籍すると同時に、その時新設されたニューヨーク市の児童相談研究施設の研究員に応募し、一年間のインターン経験をもった。そして一九二八年、ニューヨーク州ロチェスターの児童愛護協会の児童研究部に心理士としての職を得ている。

『問題児の治療（The Clinical Treatment of the Problem Child）』（1939）は、こうした児童臨床の実践活動の集大成として執筆されたものである。心理学者としての実践・臨床活動を開始してから、この『問題児の治療』を上梓するまでのロジャーズは、学位論文「九歳から一三歳の児童の人格適応の測定」（一九三一年）の提出と、そこで作成した人格適応検査の公刊（同年）、およびケースワークに関連するいくつかの論文の発表以外には、めだった研究成果を残してはいない（全集第18巻の付録Ⅰ「ロジャーズの著作目録」を参照）。それは、一九四〇年代以降の彼のきわめて精力的な研究業績の発表からすれば対照的である。それほどこのロチェスター時代の彼は、問題をもつ子どもやその親たちへの臨床実践に没頭していた。

この時期のロジャーズは、他の心理学者たちとの交流にそれほどめぐまれず、またアカデミックで実験主義的な心理学とのギャップを感じ、一時は心理学者としてのアイデンティティが揺らぐ経験もしたようだ。こうした時期に彼が実践的な面で影響を受けたのが、同じ児童臨床の活動に携わっていたソーシャルワーカーの人々であった。特に、フィラデルフィア児童相談所やペンシルバニア社会福祉大学で学んだワーカーたちとの接触は、ロジャーズに関係療法の考え方と方法に触れる機会を与えた。

関係療法（relationship therapy）とは、出産外傷説で有名なランク（Rank, O.）の影響下にアメリカで発展した治療理論であり、タフト（Taft, J.）やアレン（Allen, F.）らをはじめとする、当時フィラデルフィア・グループと呼ばれる学派が形成されていた。関係療法は、伝統的な精神分析に対し、個人の過去よりも現在を重視し、解釈的な技術よりも治療関係そのものがもつ力を強調するといった点で、ロジャーズに決定的な影響を与えたと考えられる。彼はランクがロチェスターを訪れた時に、その治療の考え方を聞いて感銘を受けており、またタフトやアレンの著作からは大きな影響を受けている（Evans, 1975：なおランクとロジャーズの関係については本書第Ⅳ部第一章を参照）。

しかし彼は関係療法の学派に入ることはなかったし、自分の治療法を関係療法と呼ぶこともなかった。関係療法と後のクライアント中心療法には治療の考え方や方法においては共通するところも多いが、その決定的な違いは、心理療法の現象についての科学的・実証的な研究方法の有無である。ロジャーズは、心理学者としてあくまでも科学的で客観的な視野から心理療法の中で生じる現象をとらえ、その公共性を高めていこうとした。彼が一時期アイデンティティの危機に見舞われた心理学者としての自負は、こうした科学的で客観的な姿勢によって維持されていった。

数多くの問題をもつ子どもやその親たちとの接触、その治療、ソーシャルワーカーたちとの協力、関係療法からの影響、そして心理学者としての科学的な問題認識の態度、こうした土台のうえに、ロジャーズは『問題児の治療』をまとめあげる作業へと向かっていった。この時期には、アメリカ応用心理学会が結成され、心理学者が臨床的な分野で活躍する土壌も整備されつつあった。彼は心理臨床家としての道を一途に歩んでいくことになる。『問題児の治療』は以上のような背景から誕生した。

二　『問題児の治療』（全集第1巻）を読む

ロジャーズはこの本の冒頭に次のように書いている。

「子どもの問題行動の治療について何か書くということは、冒険的な仕事である。…（略）…この分野の知識を、まとまった形に組織だて、書きとめていこうとする真剣な試みはあまりなされていない。…（略）…この本の目的は、問題児治療に関する私たちの知識を要約するために、予備的に全分野にわたって治療可能性を調査し、いっそうの吟味研究の必要な分野を強調するにある」（全集第1巻、三頁）。

この『問題児の治療』では、後のロジャーズがむしろ批判的な目を向けるようになったいくつかの臨床的な要因――子どもの心理学的診断、治療としての環境転換、環境調整など――について詳しく検討が加えられている。先の彼の言葉からすると、これらは彼のその後の仕事にとっての予備的な作業ともいえるが、現在でも児童相談・児童臨床の分野の重要な方法とみなされているこれらの活動について整理と評価を行っておくことは、児童臨床家として出発した当時の彼にとって不可欠な基礎作業でもあったと考えられる。彼は、児童臨床の分野を一つの科学的な領域として展開させようとする意図をもっていた。そのために、できるかぎり客観的で相対的な視野によって児童臨床の方法論的な基盤の全体像を把握しようとしたのである。そして、そうした作業の上に、その後の彼の最も専門的な領域として確立されていく、治療面接についての考察が行われている。以下、この『問題児の治療』の中身について、特にその後のロジャーズの実践・研究活動につながる内容を取り上げながら素描してみたい。

1　子どもの心理学的診断

まずロジャーズは、子どもを理解する方法として心理学的診断の諸方法を検討している（第1部　子どもを理解する方法）。具体的には、種々のパーソナリティ・テスト、エゴ－リビドー法、ケース・ヒストリーによる診断法、構成因子法を取り上げ、それぞれの利点と問題点を指摘している。ここではその詳細を紹介することはできないが、当時のロジャーズのオリジナリティを示す研究内容――それはその後の研究にも明らかに影響を与えている――のいくつかを取り上げてみる。

まずこの中で興味を引かれるのは、彼が学位論文で作成し、その後出版された「ロジャーズ・パーソナリティ適応検査」について触れていることである。彼は当時のアメリカの心理学的クリニックのいくつかで彼の検査が実際に使用されていたことを、アメリカ心理学会の臨床部門委員会報告書（The Psychological Clinic. 1935, vol. 23）の調査結果から引用している（表1）。

この検査の全体は『問題児の治療』には記載されていないが、その一部が抜粋されている。それによるとこの検査は、九歳－一三歳の子どもに自己評定をさせる、表2のような質問項目から構成されたものであった。

その後のロジャーズが臨床実践における診断について批判的な態度を示すようになることから、こうした初期の診断手法の研究は、一つの謎とも、また彼の内的な断絶とも受け取られてきたが、しかし、人格研究の着眼点や方法と

表1

1935年に発表された，当時のアメリカの心理学的クリニック（78カ所）のうち2カ所以上で用いられているパーソナリティ・テストの一覧

パーソナリティ・テスト	使用クリニック数
オールポート・価値検査	6
バーンロイター・パーソナリティ・スケジュール	11
ダーウニィ・意志気質検査	5
インク・ブロット・テスト	2
ケント-ロザノフ・自由連想表	6
コルゲイト・パーソナリティ・インベントリィ	4
プレッシィ・X-O・テスト	9
ロジャーズ・パーソナリティ適応検査	5
サーストン・パーソナリティ・スケジュール	14
ウッドワース・精神神経症インベントリィ	12

（『問題児の治療』p. 25）

表2

ピーターは，体が大きくて強く，だれとケンカをしても負けません。
　私は，彼とちょうど同じだろうか？
　　はい……………………いいえ
　私は，彼と同じようになりたいだろうか？
　　はい……………………いいえ
ボブは，学校中で一番よくできます。
　私は，彼とちょうど同じだろうか？
　　はい……………………いいえ
　私は，彼と同じようになりたいだろうか？
　　はい……………………いいえ

（これらは10点評定尺度で，その他4点評定尺度による多肢選択質問項目が並べられている）

（『問題児の治療』p. 21）

いう面からは、彼の一貫性をみてとることができる。というのは、これらの質問項目が、実施される目的や状況は異なるとはいえ、後の『サイコセラピィと人格変化』（Rogers, C.R.& Dymond, R.F., Psychotherapy and Personality Change. 1954：全集第10、13巻所収）における、クライアントの現実自己と理想自己の一致度を測定しようとした手法を明らかに先取りしているからである。こうした個人の自己認知のあり方を問題にしようとする彼の着想は、クライアント中心療法を生み出す以前の若き日のロジャーズにすでに芽生えていたといえよう。

同様のこと、あるいはより興味深い事実が、ロジャーズがロチェスターの同僚たちとともに開発した構成因子法（the Component-Factor Method）という診断手法についても指摘できる。これは、遺伝的要因、身体的要因、知能、家庭環境の影響、経済的文化的要因、仲間集団の影響としての社会的要因、家庭外の教育、子どもの自己洞察という多面的な要因から、問題をもつ子どもの現状を診断し、治療の予測を立てるために開発された分析法である。それぞれ要因がマイナス3からプラス3までの七段階で厳密に定義されており、治療担当者によって評定される。たとえば、この本に掲載されているポールという子どもの構成因子分析の結果は表3のようなものである。

この構成因子法における評価方法は、後に心理療法の過程研究および統合失調症患者への治療プロジェクトにおいて、独創的な研究用具として開発され用いられた「過程尺度（プロセス・スケール）」を、やはり明らかに先取りしている。たとえば、最後の項目の「自己洞察」について、その具体的な評定基準の一部を抜粋してみる（表4）。

過程尺度について少しでも知識をもつ人であれば、この構成因子法の評定方法がいかに過程尺度のものと類似しているかわかるであろう。もちろん、構成因子法と過程尺度ではその使用目的や評定しようとする要因は異なっている。しかし科学的研究に対する前向きで独創的な態度や、研究方法論の一貫性および発展といった点では、このロチェスター時代のロジャーズとその後の彼には明らかな連続性が存在している。

ロジャーズはこれら以外の種々の検査や診断法についても入念に検討を加えたうえで、理想的な診断方法とは、①行動に影響を与える生活状況の全体像を把握できる、②明確に定義された概念や基礎の上に立った、③子どもの経験

表3　ポールの例

要因	−3	−2	−1	0	+1	+2	+3
遺伝		×					
身体			×→				
知能		×					
家族		×———	———	→?			
経済－文化				×			
社会		×———	→				
教育－訓練			×———	→			
自己洞察		×———	→				

（『問題児の治療』p. 57）

（×が現在の状態で，矢印は１年以内に期待される変化の程度である）

表4　実例評定——洞察

−3	この少女は，自分の問題のことで他人をだれかれとなく非難し，自分は言いのがれをする。彼女は自分の問題であるという事実を直視せず，現実とはまったく無関係な，快活な楽天主義をもつ。
−2 −1	この少年の性行動は，真の精神的葛藤のあることを示している。彼は自分の行動の原因について，言葉の上でははっきりと表現できるが，それによって彼の行動はほとんど影響されない。
0	この少年の自分の能力と責任についての知識は，かなり不適切である。彼は自分の将来については，ほんのわずかしか考えていない。彼は両親が自分を子ども扱いにしているという事実を，ある程度は認識している。（略）
+2 +3	もっとも不幸な家庭であるが，この少年は自分と義父が，それぞれどの程度悪いかを冷静に判断している。慎重に考えて家を出るという自分の将来についての計画を進めている。

（『問題児の治療』p. 399-400）

の事実間の重要な原因‐結果の関係を描き出す、④治療可能な不適応領域を示してくれる、⑤科学的で客観的なものである、という考えを述べている（六〇‐六一頁）。また最後に「診断技術に関するかぎり、最善の方法というものはない。（中略）どんな方法を用いるにしても、あらゆる事実の徹底的な研究と、問題に対する臨床家の最善の洞察と理解が必要である」（六一‐六二頁）と述べ、種々の診断法についての相対的な姿勢の必要性を主張している。

2　治療としての環境転換と環境調整

『問題児の治療』では次に、治療としての環境転換と環境調整について、広範な文献やデータの分析に基づいてその方法や有効性、課題などが検討されている（全集第1巻第2部、第3部）。

まず彼は環境転換として、里親家庭への委託および施設への収容という代表的な二つの方法についてさまざまなデータを分析し、その有効性と課題を論じている。そして、子どもを家庭から離すことの適否について検討を加え、彼自身の仮説的な公式としてその基準を表5のように記述している。

この基準についてロジャーズは、次のように述べている。

「……科学的な根拠はきわめて乏しいにもかかわらず、しいてそれをかかげたのは、児童問題の真面目な学徒が私たちの知識のこれらのギャップを埋め、この先走った試案的な基準を修正し、論駁し、補足したくなるような、なんらかの刺激をうけるだろうという希望からである」（一七八‐一七九頁）。

ここにも、臨床経験を真摯な態度で振り返り、その経験を仮説として抽出しようとする、後の彼に一貫して続く姿勢がみてとれる。

また彼は、環境調整による治療として、親の態度への働きかけ、学校の役割、クラブ、グループ、キャンプの利用のそれぞれについて先行研究の検討を行ったうえで、彼自身の考えを述べている。

親の態度への働きかけとしては、直接的教育、解釈療法、関係療法などを取り上げて考察している。さらにその治

表5　家庭から離すための基準

（『問題児の治療』p. 169）

措置が適当な条件	在宅継続が適当な条件
行	動
明らかに親の態度，取り扱い，あるいは行動と関係があり，おそらくそれによってひきおこされた普通以上の重大な行動障害。	親の態度というよりむしろ何か別の原因――遺伝，身体的，社会的――と関係ある行動障害。
家庭の雰囲気	
子どもが両親に対してほとんど愛情をもっていない。 子どもは家庭において情動的不安定感をもっている。 子どもは片親または両親から拒否されている。 両親の子どもに対する愛情が不健全で，強い依存心や情動的愛着をひきおこしている。 子どもは家族集団にあまり忠誠心をもっていない。	子どもは両親に対して正常な愛情をいだいている。 子どもは両親との間で情動的安定感をもっている。 子どもは家庭への強い忠誠心をもっている。 （子どもが小さいとか両親が措置による治療を希望している場合，上の条件はいくぶん和らぐ。）
変化の可能性	
誤った行動をひき起こしたと思われる親の態度が固定し根深く永年つづいている。基本的態度を変えようとする熟練した努力が失敗した。	誤った行動と関係のある両親の態度が最近のものか，表面的なものか，変化可能な要因によって左右されている。
成功のみとおし	
子どもの年齢，知能，安定性，行動のタイプなどの特徴からみて，家庭から離して成功する見込みが50%以上ある。	子どもが，措置で成功しそうにない特徴をもっている。

療可能性を左右する条件として、①変化を求める動機づけ、②両親自身の心理的適応、③親の学習能力、および④セラピストの要因――情動的適応と熟練――という四要因をあげている。もちろん、家族療法などの理論は登場していなかった時代ではあるが、当時のロジャーズなりに親や家族へ働きかけることの意味や留意点を詳細に語っている。

　学校の役割としては、従来の懲罰的な指導方法を批判し、援助に役立つ学校資源をピックアップしている。たとえば、成就の欲求を満足させること、愛情を保障すること、社会的適応を援助すること、現実に向かわせること、自立に向かわせることなどが学校という場をいかした援助として位置づけられている。ここでの記述は、後の『創造への教育』（Freedom to Learn. 1972：全集第22、23巻所収）などに発展していくことになる。

さらに彼は、キャンプやクラブなどを用いたグループ治療についても検討を加え、自身の実践経験から、(a)適当な知能、(b)衣服と小遣いを十分準備できるだけの経済的背景、(c)両親が干渉したり、少年を連れて帰らないという保証、という最低限の条件が満たされた場合はキャンプは問題をもつ子どもたちにとって有効な治療手段になることを述べている。これもまた、後の彼のエンカウンター・グループの実践など、グループ・アプローチについての彼の関心の萌芽としてみることができる箇所である。

3　子どもの個人治療

『問題児の治療』では、最後に個人治療としての治療面接について考察されている（全集第1巻第4部）。ここではまだ彼のオリジナルな方法の提案はなされていないが、種々の治療面接の有効性と課題を議論する中で、それ以後のクライアント中心療法の誕生と展開に結びつく論考が行われている。

ロジャーズは「……この領域には、科学的技術よりもまず技芸（art）的技術が存在している。しかしながらこれらの微妙な関係さえも、科学的方法によって研究し、より正確に知り、導けるという希望をもちうる根拠がある」と述べ、治療面接を特殊で閉ざされた秘技として考えるのではなく、科学的で公共的なものとしてとらえる必要性をうちだしている。また彼は、「子どもとセラピストとの会話が完全にわかるような…（中略）…逐語記録でもあれば、私たちの考察に新しい貴重な貢献となるだろう」（二九〇頁）と、その後の逐語記録による面接の分析と研究へと発展する考えを示している。

彼はまず、セラピストの適性として次のような要因をあげている。

客観性：感情的・道徳的に偏りのない態度で、過度に陥らない共感の能力、純粋で受容的で関心のある態度、道徳的判断を下すこともなく、動揺したり、恐れたりすることもない、深い理解を含んだ基本的客観性。

個人の尊重：子どもの本来の姿への心からの尊敬。子どもが自分の問題を自分で解決していく自由を与えること。

自己理解：セラピスト自身、自己の顕著な情動様式、自分自身の限界と短所についての健全な理解。

心理学的知識：人間の行動とそれを決定する身体的・社会的・心理学的要因についての十分な基礎知識。

ロジャーズは、最後の心理学的知識については「……この条件を第一にあげるのが論理的と思われるかもしれないが、……それ自体では何ら治療技術をもっているという保証にはならない」（二九四頁）と述べ、心理療法家の根本的条件は知的能力の領域よりもむしろ態度・情動・洞察の領域にあるとしている。この点は、クライアント中心療法の発展の中でその後ますます強調されていくことになる。さらにいえば、この心理学的知識を除いた、セラピストの適性についての前記三つの記述は、客観性を同一視に陥らない共感性と読みかえれば、後に理論化されるセラピストの三条件（第Ⅱ部参照）の萌芽として受け取ることができよう。

次に種々の治療面接について、広範な考察とその有効性や課題の検討が行われている。

まず一般的に用いられている技術として、次のような分類に基づいて考察している。

教育的技術：情報提供、問題の明確化、行動の結果を直視させることなどの教育的な諸技術。これらは最も広く用いられている技術で、ロジャーズ自身かってこうした技術によるケースの治療報告を行っていた。

個人的影響力の利用：説得や暗示、催眠などを用いた方法。彼はこれらの技術は表面的で一時的な効果しかもたらさないとして批判的な見解を述べている。

表出療法（expressive therapy）：カタルシス、葛藤の吐きだし、遊戯療法などの技術。こうした技術については彼はおおむね肯定的であり、特に罪悪感が強いケースに有効であるとしている。

さらに、より深い治療として、解釈療法、精神分析、関係療法を取り上げている。

解釈療法：子どもの行動様式に合理的説明を与えたり、自己洞察をもたらすような解釈を用いる技術。ロジャーズはこの方法の成功例と失敗例を分析し、問題行動様式が情動的要因によるもので反復されるパターンでおこる子どもに有効であるとしているが、その不適切な適用は悪い結果をもたらすこともあると述べている。

子どもの精神分析：精神分析的な深層心理の解釈や感情転移を取り扱う技術。ロジャーズはこの方法については、その概念の抽象性や狭さ、成功例の報告が少ないこと、治療期間の長さやコストの高さなどの点から批判的な目を向けている（しかし残念ながら、当時ロジャーズが入手できた文献はそれほど多くなかったようで、たとえばアンナ・フロイトやメラニー・クラインなどの児童分析については触れられていない）。

関係療法：ロジャーズが治療面接の技術として最後に取り上げ、しかも最も高い評価を与えているのがこの関係療法である。彼は、解釈的な技術を用いずに、セラピストに対する肯定的な感情も攻撃的な感情も受容することによって治療関係を築いていこうとするこの方法について、事例を示しながらその意義を語っている。そして、「……関係療法は、その理論的基礎をランクの思想においているが、それは思想の体系というよりも、むしろ一つの過程であり、それを用いるのはランクの心理学の公式との一致に頼っているのではない。セラピストは、出産外傷とか積極的意志に関するランクの基本的考え方をはっきり理解していなくても、この治療法を基礎にして子どもを扱って完全な成功をおさめることができるであろう」（三六一頁）と述べ、関係療法がランクの精神分析理論に閉ざされるのではなく、一つの公共的な方法として開放され、発展していくべきであるとの態度をとっている。

以上の考察のうえで、ロジャーズは治療の目標、および治療を有効化するための組織やその連携のあり方にも言及している。前者の治療の目標とは何か、という問題については、社会的な適応を重視する立場と子どもの内面的な幸福や成長を重視する立場の二つを示すにとどまり、彼自身の結論は述べていないが、こうした問いを臨床家がたえずもちつづける必要性を訴えている。また組織やその連携のあり方については、組織内の各専門家が偏狭な専門主義に陥ることなく柔軟に子どもの問題に対応していく方向や、組織間の弾力的な連携の方向の必要性が示されている。

以上、『問題児の治療』の内容を簡潔に素描してみた。この本の意図は、当時のアメリカにおける児童臨床の実態と課題をロジャーズなりに、できる限り広範に、また客観的に描くことにあり、ここにはまだ彼のオリジナルな主張はそれほど展開されていない。また、彼自身が扱ったケースについての詳しい記述もまだみられない。しかし、この本に示されている若き実践家ロジャーズの公平で偏りのない臨床知見は、その後のクライアント中心療法の着想と展開にとって、幅広く豊かな土壌となっているように思われる。それはたとえば、独創的な抽象画の作家たちが、ほとんど例外なく若き日には精緻で均整のとれた写実画を描いていることに似ているといえよう。

そしてまた、一般に考えられているほど、この著作の内容はその後のロジャーズの考えとギャップや断絶を含んではいない。この本の土台となっている彼の数多くの臨床経験や、以上で指摘したようなその後の彼の独自性に結実していくいくつかの研究方法や思考は、彼がクライアント中心療法を誕生させ発展させていく過程に密接につながっていることは確かなことである。

第二章　クライアント中心療法の誕生——『カウンセリングと心理療法』

一　『カウンセリングと心理療法』（主要著作集1巻）の背景と特徴

『問題児の治療』の出版によって、ロジャーズはオハイオ州立大学に教授として迎えられることになった。児童臨床の実践家であった彼は、この転機によって、実践家であると同時に研究者、そして教育者として心理臨床の分野をリードしていく立場に就くことになった。彼の臨床実践の対象は、子どもとその親たちから、大学生、社会人、主婦といった一般の人々へと広がった。また大学院生たちへのスーパーバイズや彼らとの議論から、ロジャーズは自らの考えや方法をより洗練させていく機会にもめぐまれた。そうした中で彼は次第に、臨床実践に関する自分の考えが、ある新しい独自な方向性をもつものであるという確信を抱くようになった。

そして一九四二年に記念碑的な著作『カウンセリングと心理療法（Counseling and Psychotherapy）』（主要著作集1巻）が公刊された。ロジャーズによる、ある新しい立場——当初はクライアント中心とも、あるいは非指示的とも呼ばれた——の提案が世に広く知られるのは、この本の出版によってであった。

この本ではカウンセリングと心理療法という二つの言葉が厳密に区別されずに用いられている。ロジャーズは「カウンセリングという用語はどちらかといえばより日常的で表層的な面接に対して使う傾向があり、一方、心理療法という用語はもっと強力で長期にわたる接触を意味する傾向がある」としながらも、「しかし、最高度に強力で効果的なカウンセリングが、強力で効果的な心理療法と区別できないこともまた明らかである」（主要著作集1巻、一〇頁）と述べ、むしろ両者の共通点を強調しようとしている。そして「本書は心理療法のあらゆる見解をすべて提示しようとはしない。相容れないさまざまな見解の混沌を示して混乱を増幅してしまうよりも、一つの見解をあますところなく論じることで、カウンセリングの分野をよりすっきりと整理する方が賢明であろう」（二一–二二頁）と述べている。ここには、当時一つの専門分野として確立されつつあったカウンセリング――いわゆるガイダンス的なカウンセリング――に対して、新しい方向性を築こうとしたロジャーズの意図を読み取ることができる。しかしロジャーズは『問題児の治療』においても、また『クライアント中心療法』以後の著作においても、カウンセリングという言葉をほとんど用いていない。彼は、カウンセラーとしてよりもセラピストとしてアイデンティティを確立していたと考えられる。そうした事情から、ロジャーズの方法はカウンセリングなのか心理療法なのかといった疑問が生じたり、わが国ではなぜか彼の立場をあらわす言葉として「カウンセリング」という用語が一人歩きしたりしてきた。ただ確かに言えるのは、ロジャーズが、アメリカの職業指導運動や精神測定運動に源流をもつガイダンス的なカウンセリングの流れには身を置いていなかった、ということである。したがってこの『カウンセリングと心理療法』は、一人の個性的なセラピストであったロジャーズが、当時台頭しつつあったカウンセリングの領域に対しておこなった提言ないしは挑戦としてとらえることができよう。当然、カウンセリングの専門家たちにこの本が与えた波紋は大きかったし、またこの本が狭い範囲の医師やセラピストたちだけでなく、カウンセリングに関心を寄せつつあった多数の人々――教育界や産業界などの――に読まれたということは、ロジャーズにとってとても幸運なことであった。

また、この『カウンセリングと心理療法』では、非指示的という用語が頻繁に登場するため、この本の立場を指して、非指示的療法（あるいは非指示的カウンセリング）といわれることもある。しかし、ロジャーズは、この本を執筆する少し以前から、カウンセリングや心理療法を受ける人たちのことを「クライアント（client）」と呼ぶようになっていた。従来、セラピストたちは医学的な慣習にしたがって対象を「患者（patient）」と呼んでいたし、またカウンセラーたちは、カウンセリングを受ける人という意味で「カウンセリー（counselee）」といった用語を使ったりしていた。しかしロジャーズは、こうした言葉を踏襲せずに、もともと法律用語であった（自発的な）依頼者という意味のクライアントという言葉を用いた。来談する人を一人の独立した人格として尊重し、その主体性を重視しようとしたロジャーズならではの着想である。このクライアントという言葉の使用自体に、クライアント中心療法の立場の確実な萌芽が認められると考えられるため、ここでは『カウンセリングと心理療法』を、クライアント中心療法そのものの誕生として位置づけることにする。ちなみに、この本の出版以後、このクライアントという言葉はカウンセリングや心理臨床の世界で広く用いられることになった。

さらに指摘しておくと、この本の内容は、理論的なものというよりもきわめて実践的でまた具体的なものであるが、しかし、いわゆるハウツー的な機械的技術を示そうとしたものではない。たとえば、クライアント中心療法の初期の技術として有名な、単純な受容とか感情の反射といった非指示的技術についての記述はこの本の中には見当たらない。非指示的な技術はこの『カウンセリングと心理療法』の主要な論点ではない。その後クライアント中心療法に対する偏狭な技術主義的なとらえ方が、どのような脈絡から生まれてきたのか、この問題をここで詳しく論じることはしないが、あらためて考えなければならない課題であることを指摘しておきたい。

二　『カウンセリングと心理療法』（主要著作集1巻）を読む

1　概　説（第一部）

ロジャーズは、「本書の目的」として次のように述べている。

「この本では、カウンセリングについての検証され考察されうるような仮説を、理解できるかたちで明確に提示する。それを検証し、さらに吟味することができるように示すのである」（二一頁）。

そして彼の基本的仮説をまず、次のように簡潔に示す。

「カウンセリングが効果的に成立するために必要なのは、ある明確に形作られた許容的な関係であり、その関係のなかで、クライアントは、自分自身に気づくようになり、新たな方向をめざして、人生を前向きに進んでいけるようになる」（二二頁）。

ついで、カウンセリングと心理療法における新旧二つの見解が比較されている。まず古い方法としては、命令と禁止、説得、励ましや勇気づけといった示唆・暗示を評判の悪い方法として断じ、また、カタルシス、助言、知的解釈などの方法についても従来認められていたような効果に疑問を投げかけている。これらの方法に共通するのは、「カウンセラーは最高の知者である」という観念であり、クライアントはカウンセラーによって変えられるという仮説が存在している、とされる。

これに対してロジャーズが提案する新しいアプローチは、次のようなものである。その起源は、ランク、タノト、アレンらの関係療法や、ホーナイ（Horney, K.）らによって修正された精神分析などに求められるものであり、①成長や健康や適応へと向かう個人の動因を信頼し、②知的な面よりも情動的・感情的な側面を重視し、③過去よりも現在を強調し、④成長の経験としての心理療法関係そのものに重きを置く、といった特性によって描かれる。

2　カウンセラーが直面する初期の問題（第二部）

ロジャーズはまず、「カウンセリングはどのようなとき必要となるか？」との問いを設定し、カウンセリングはどんな人のどんな問題に対応できるのかについて検討している。ここでは『問題児の治療』にあったような詳細な心理学的診断については触れられていない。明らかに彼は、診断それ自体がカウンセリングや心理療法の主要な役割であるという考えからは離れつつある。しかし、すべての人のあらゆる問題にカウンセリングが有効であるとは考えておらず、その意味でカウンセリングや心理療法といった働きかけが有効であるかどうかについてのアセスメントの必要性は認めている。彼は、この問題についての入念な考察を行い、その要約として、カウンセリングもしくは心理療法を必要とする諸条件についての試案的基準を示している。

「直接のカウンセリングは、もしも次のような条件がすべてそろうならば、望ましいものであると考えられる。

1　個人の要求とは両立しがたい願望や社会的・環境的要請との葛藤が生起することで、個人がある程度の緊張状態にある。そうして生じた緊張やストレスは、その問題についての自分の感情を表現する場合のストレスよりも大きいものである。

2　個人は、人生に対処できる能力をもっている。個人は、自分が今生きている状況のさまざまな要因を統制するだけの能力と安定性をもっている。個人が直面している環境は、本人がその環境を統制する、あるいは変えることができないほどに不都合であったり、不変なものではない。

3　個人は、計画的に実施されるカウンセラーとの面接において、自分が葛藤している緊張を表現する機会をもつことができる。

4　個人は、言語的に、あるいは他の手段で、こうした緊張や葛藤を表現することができる。意識して援助を求めることは意味のあることだが、しかし、必ずしも絶対に必要というわけではない。

5　個人は、密着した家庭の支配から、情動的あるいは物理的に、適度に独立している。

6　個人は、過度の不安定性、とくに器質的な性質による不安定性から適度に解放されている。

7　個人は、平均よりやや下、あるいはそれ以上と判定される知能をもち、自分が生活している状況に対処できる適切な知能をもっている。

8　個人は、適した年齢である。すなわち、ある程度自立して生活できる程度の年齢であり、ある程度の適応力をもつような若さである。実際の年齢でいうと、おおよそ十歳から六十歳程度を意味している」（主要著作集1巻、七一－七二頁）。

ここにあらわされている基準は、後の「パーソナリティ変化の必要にして十分な条件」（第Ⅱ部参照）に記述されたクライアントの条件――「不一致の状態にあり、傷つきやすい、あるいは不安の状態にあること」――のシンプルさと比べると、非常に慎重かつ客観的なクライアント認識が求められるものとなっている。特に知能や年齢などに言及している点は、後の彼にはみられないことである。その後のロジャーズは、この基準にあてはまらない対象にもクライアント中心療法が有効であることを見出していこうとしたのだともいえよう。ただし、よく聞かれるような、クライアント中心療法がクライアントの見立てやアセスメントをまったく否定しているという批判が、少なくともこの『カウンセリングと心理療法』の時点ではあてはまらないことは、先の記述から確認できよう。

次にロジャーズは「カウンセリング関係の創出」について述べている。彼は、カウンセリング関係とはクライアントがそれまで経験したことのあるどのような関係とも異なるユニークなものであるとし、その基本的特質を次のように指摘している。①カウンセラーの側における温かさと応答的な態度、②カウンセラーの受容的な態度によってもたらされるクライアントの側の感情の自由な表現、③時間や攻撃行動などについての明確な制限、④カウンセラーがあらゆる圧力や強制から解放されていること――自分の欲望や先入観を押しつけたりしない――。さらに制限の問題については、より具体的に、責任の制限――クライアントに委ねられるべき責任をカウンセラーが負うことはしない――、時間の制限、依存および攻撃的行為の制限、愛情の制限の必要性をあげている。そして、このようなカウンセリング関係は、日常生活における教師と生徒、管理者と従業員、裁判官と犯罪者などにみられるような権威的な関係とは異なり、両立しがたいものであるとされる。

そしてロジャーズは、カウンセリングの過程の問題を扱う前に、もう一度「指示的アプローチと非指示的アプローチ」という表題のもとに、本書が目指しているカウンセリングの立場とその反対論について次のように整理している。指示的アプローチとはカウンセリング過程についての最も一般的な定義で、それはカウンセラーがクライアントの問題を発見し、診断し、処置するという考え方から成り立っている。しかし、カウンセラーによって選択された問題が本当にクライアントが援助を求めている問題なのかは不確かであるし、またこうした過程はクライアントをいっそう依存的にしてしまうといった点でその有効性は疑問である。指示的アプローチにおいては、クライアントはカウンセラーが求める程度に応じてしか自分の感情や態度を表明することができず、カウンセラーの責任やクライアントの依存についての明確な制限もない。その方法はあくまでカウンセリングの個人的な影響力に頼っているものである。

そしてロジャーズは、ポーター（Porter, E. H.）という研究者が実施した指示的カウンセラーと非指示的カウンセラーの応答分析結果を引用している（表6）。これは一九の録音された面接（一〇は指示的、九は非指示的カウンセラーによる）についての分析結果で、カッコ内の数値は面接中にみられた応答の平均回数である。

この結果によれば、指示的カウンセラーの応答は特定の解答を期待するようなたくさんの特定の質問、およびカウンセラーによる説明や情報提供によって特徴づけられ、また非指示的カウンセラーはクライアントが自らの感情や態度を表明し、それを認知・理解するのを援助しようとする応答を多く行っている。ロジャーズは、こうした研究は瑣末なものだと思われるかもしれないが、指示的なグループに属するカウンセラーたちはけっして自分が権威的で指示的なアプローチを行っているとは考えていないにもかかわらず、実際の応答にはそれが明らかにあらわれていることを示すために、こうしたデータを引用したと述べている。そもそも、両者の相違の背景には、カウンセリングや価値についての哲学の相違がある。指示的アプローチでは、カウンセラーはクライアントより優れており、クライアントは自分の目標を選択するだけの責任を負うことができないとの考えが言外に含まれており、一方非指示的カウンセリングでは、クライアントは自分の目標を自ら選択する権利を有しているという仮説に立っている。非指示的見解は、心理的に自立し、また自分の心理的な統合性を維持するすべての人間の権利に高い価値を置いている、とされる。

3　カウンセリングの過程（第三部）

以上のような考察のうえに、ロジャーズは実際のカウンセリングが進展する過程におけるいくつかの諸問題をより深く論じている。ここでの記述は、より洗練されていくその後のクライアント中心療法の理論にくらべると、まだいくぶん素朴で試案的なものではあるが、実践家ロジャーズの初期の姿が誠実にあらわれているところでもある。以下、

表5　もっとも多く用いられた技術（頻度順に示す）

（主要著作集1巻，p. 112）

指示的カウンセラーのグループ	非指示的カウンセラーのグループ
1．きわめて特定の質問を行い、回答をはい／いいえ、もしくは特定の情報に限定するようにする。(34.1)	1．クライアントが今表現した感情や態度を、何らかの方法で認知する。(10.3)
2．問題や処置に関する情報を説明したり、話し合ったり、与えたりする。(20.3)	2．全般的な態度、特別な行動、あるいは以前の発言のなかで表現された感情や態度を解釈したり、認知したりする。(9.3)
3．会話の話題は指示するが、その展開はクライアントに任せる。(13.3)	3．会話の話題は指示するが、その展開はクライアントに任せる。(6.3)
4．クライアントの行動を提案する。(9.4)	4．クライアントが今話したことの主題の内容を認知する。(6.0)
5．クライアントが今話したことの主題の内容を認知する。(6.1)	5．きわめて特定の質問を行い、回答をはい／いいえ、もしくは特定の情報に限定するようにする。(4.6)
6．提案した行動を実行するように、根拠を整理して、クライアントを説得する。(5.3)	6．問題や処置に関する情報を説明したり、話し合ったり、与えたりする。(3.9)
7．訂正すべき問題や条件を指摘する。(3.7)	7．面接場面はクライアント自らの責任で利用する場であるということを示す。(1.9)

その内容を要約して示す。

(1)　表現の解放（自由に表現するようにすること）

カウンセリングの重要な目標の一つは、個人の問題や葛藤の中心になっている思考や態度、感情や情動化された衝動が表現されることである、とロジャーズは言う。そのためにはカウンセラーはクライアントが自由に感情を表明できるように十分に訓練されていなくてはならないとして、二つの着眼点をあげている。

①クライアントこそ最上の案内人であるということを認識すること。クライアントの問題の根底にあるものははじめは本人に認知されていない情動的要因であり、カウンセリング関係の中でその姿は次第に明らかになってくるが、その際にそうした事実へと案内することができるのはクライアントだけである、とされる。

②表現の知的な内容だけでなく感情に注目し応答すること。カウンセラーに求められる最もむずかしい技能は、クライアントの感情に応答することであり、「……カウンセラーがクライアントが表現する態度に機敏に反応し、そういった感情を理解し、明確にすれば、その面接はクライアント主導のものになり、現れる判断材料はクライアントの問題に感情的

に呼応したものになるのだ。これに反して、カウンセラーが知的側面に関する応答をすると、面接の方向性はカウンセラーの関心のパターンにそって進むため、クライアントの本質的な問題が明白になるには長い時間がかかり、しかも大変な分析と取捨選択作業を経なければならない」（一二六－一二七頁）。また、より具体的な問題として、否定的な感情がクライアント自身やカウンセラーに向けられる場合や、両価的（アンビバレント）な感情が表現される場合を取り上げ、いずれの時にもカウンセラーはクライアントの感情の受容と明確化につとめるべきである、とロジャーズは述べる。ただし留意点として、感情を明確化するといっても、クライアントがいまだ表現していない感情について性急に言語化することは、脅威をもたらし、カウンセリング関係を破壊してしまいかねないので控えるべきだ、とされる。

その他、カウンセリングに抵抗を示すクライアントや答えを求めるクライアントには、問題にさぐりを入れたりするのではなくその感情を受容し明確化すること、クライアントを励ます再保証は孤立感を取り除くような場合を除いてほとんど必要ないこと、さらに面接中の沈黙の意義などが論じられている。

(2)　自己洞察の成就

カウンセリングの過程がクライアントにもたらす変化について、ロジャーズは「自己洞察」という言葉を軸にしながら論じている。まず自己洞察がクライアントにとってどのような意味をもつのかということについて、過去の事実を新たな関係づけで見直すこと、漸進的に増す自己認識、自己認識と自己受容、という三点があげられている。また、自己洞察を促進するためにカウンセラーは何をすべきかという問題について、ロジャーズは、自己洞察をもたらそうと行動的になるよりも、徹底的な自制が必要であるという。カウンセラーはクライアントの問題や反応のパターンを指摘したり解釈したりする誘惑にかられるが、この解釈が的確であるほど、クライアントの側に防衛的な抵抗をもたらしてしまう。彼は、経験の乏しいカウンセラーのために、次のような注意事項をしたためている。

「1　カウンセラーは、確信がない場合はいかなる解釈もしないことがもっとも無難である。

2　解釈を加えるときには、クライアント自身が使った用語およびシンボルを利用するのがもっとも適切である。もしバーバラが髪形をショートにするかしないかで葛藤しているなら、もしポールが情に流される自己と科学的な欲求とのギャップに問題を感じているなら、カウンセラーが用いるべきはここに表れている言葉そのままである。クライアントがすでに自分の考えを述べる際に使っているシンボルであれば、より簡単に、より純粋に受け入れられるのである。

3　すでに表現されている態度を扱うのがもっとも適切である。まだ表現されていない態度に解釈を加えるのは明らかに危険である。

4　解釈について議論しても得られるものは何もない。もし解釈が受け入れられない場合は、受け入れられないということ自体が重要な事実なのである。その解釈は撤回すべきである。

5　もし真の自己洞察が得られたら、クライアントは自発的にその自己洞察を新しい分野に適用するであろう。もしこのような事態が起こらない場合、自己洞察を成就したのはカウンセラー側であってクライアントではないことが分かるのであり、これは望ましい結果ではない。

6　クライアントがきわめて重大な自己洞察を成就した直後には、カウンセラーは、クライアントにぶり返しの症状が表れる場合があることを心得ておかなければならない。自分の欠点や自分の反応が子どもじみた性質を帯びているのを認知するのは、たとえそれが段階的なものであれ、辛い作業である」（一八九－一九〇頁）。

そしてロジャーズは、自己洞察とは何か、という問題について次のようにまとめている。

①関係性の認知　さまざまな諸事実を新しい関係や新しい形態において見るようになること。

②自己の受容　それまで考えていた自分というものと、受容できなかったり、理想的自己と一致していなかったり、価値のとぼしいものと思われていたような衝動や感情との新たな関係が知覚されること。

③選択要素　もっと満足できるような永続的な目標を積極的に選択するようになること。

こうした自己洞察は、クライエントの中に新しい自信と自立性を創造し、それまでには見られなかったような主体的で積極的な行為を導くようになる、とロジャーズは言う。

(3)　終結の段階

ロジャーズは、カウンセリングによってクライアントの問題のすべてがきちんと解決する必要はない、と言う。満ち足りた生活とは、問題の存在しない人生にあるのではなく、たえず問題に取り組んでいくという目的と自信を有している生活のことである。したがって、カウンセリングによって得られた自己洞察が実生活へと拡張され、積極的で自己主導的な歩みが増強されることが終結期のおもな課題となる。そのためには助言や示唆のような再教育が有益なこともある。彼は、カウンセリングにおける教育的な働きかけをすべて否定しているのではなく、それをクライアントが主体的に吟味することができるならば、という条件つきで、その意味を肯定的に認めている。

さらに終結時の具体的な問題がある。クライアントは、カウンセラーのもとを離れると問題が再発するのではないか、あるいはカウンセラーがっかりするのではないか、去った自分を恩知らずと思うのではないか、といった感情と、一方、カウンセラーの援助から離れ、自分で問題に取り組みたいという矛盾した気持ちを表明したりする。どんなに成功した心理療法においても、終結には喪失感や後悔がつきもので、それは自然なことである。経験豊かなカウンセラーであれば、こうしたクライアントの両価的な態度は、カウンセリング関係の終結にともなう一時的な現象であることを理解し、矛盾するいずれの感情についても適切な理解を示すことによって、クライアントにより深い自己洞察をもたらし、安全な形でカウンセリング関係を終結させる。また、終結が近づくにつれ、クライアントがカウンセラー個人について関心をもつという現象が起きることも多い。ロジャーズは、カウンセラーへ向けられるこうした感情を理解しつつ、あくまでも心理療法という枠の中で話し合い、終結へと向かっていくことが賢明である、と述べている。

では、終結時のカウンセラーの役割とはどのようなものか。ロジャーズは、第一に、クライアントの進歩に対してつねに気を配っているべきで、自立性が増大した時点でカウンセリングの終結について考慮しておくこと。これを怠ると、クライアントは自分が去ることをカウンセラーは望んでいないと感じてしまうかもしれない。第二に、問題がすべて解決されているわけではないし、自己洞察も完全でないからといって、クライアントを引き止めようとすべきではない。カウンセラーはクライアントが成長へと向かって歩んでいくことに満足を感じるべきであり、けっしてクライアントを自分に依存させておくことに満足してはならない。第三に、終結は基本的にクライアントによって設定されるべきで、カウンセラーの役割は終結に際して生じる問題をさらに明確化することである、としている。

カウンセリングの回数や長さは、クライアントの不適応の程度、カウンセラーの技術、クライアントの援助を受けるための準備度などの要因にもよるが、適切な過程が生じた場合には、六回から一五回でクライエントは自分の問題を処理することができるようになり、一週一回の面接で三カ月以内に終結することが多い、としている。精神分析のような長期間にわたる心理療法の継続については、その必要性に関して懐疑的な意見を述べている。不成功なカウンセリングの終結については、カウンセリングの失敗は、クライアントがカウンセリングに適していないことによるものか、カウンセラーが援助できなかったことによるものかの二つに分けることができるとし、失敗は素直に認め、将来の希望をもてるように処理される必要があるとしている。

たとえば、カウンセリングが紛糾しているように思われる時には、面接記録を入念に検討し、あまりに指示的すぎなかったか？　あまりに成果を急ぎすぎていなかったか？　思慮のない解釈を加えてこなかったか？　クライアントではなく自分の立場で問題を解決しようとしていなかったか？　クライアントが感情を表明しにくいようなやり方をしていなかったか？　と自問してみる。しかし、それでも事態がよくならないこともある。その際には、カウンセラーとクライアントの両者が率直に失敗を認め、たとえば「面接を中止しましょうか？　あるいは、もう少し満足がいく結果が得られるかもしれないという望みをもって、もうしばらく続けてみたいですか？」と問いかけてみることが大切である、とロジャーズは言う。彼は、息子の問題で来談していた母親との面接が暗礁に乗り上げ、彼が面接の中止を申し入れたところ、承諾した彼女が帰り際に「先生は大人の心理療法をやられたことはあるのですか？」と言い、カウンセリングが成功裏に再開された自らの事例をあげ、失敗を認めそれを明確に言語化して分かち合うことが、新たな可能性を開くこともあるとしている。

(4)　実際的な諸問題

カウンセリングの過程について以上のことを論じたロジャーズは、最後に実際的な諸問題として、きわめて具体的ないくつかの問いをあげ、それに答えている。ここには、その後の彼がほとんど触れなくなった、技術的・実践的な問題が取り上げられている。しかもその中には、その後のクライアント中心療法およびカウンセリング全般の実践に影響を与えた論点も含まれているので、そのいくつかを要約して示してみる。

①一回の面接時間はどれくらいが適当か?　一回の面接時間が一時間以上になるのは好ましくない。また、あらかじめ時間に制限があることがわかっていることは重要な要因である。

②面接の間隔はどれぐらいあけるのが適当か?　数日あるいは一週間おきの面接が最も効果的であるように思われる。

③面接の約束が守られないときの対処法は?　クライアント中心の心理療法では約束が守られないことは少ないが、こうした事態に対しては、第一に面接記録、特に前回の面接を検討すること、第二にクライアントが戻りやすいように手紙などでメッセージを伝えるなどの工夫をすることが大事である。

④カウンセラーは面接中にノートをとるべきか?　できることなら完全な記録を面接中にとるべきであり、カウンセラーの言葉も記録すべきである。クライアントにノートをとる理由を説明し、見たければ見てもよいことを伝えるなどのオープンさが必要である（この時期のロジャーズは客観的な資料の収集を重視していたため、このような答え方をしていると考えられる）。

⑤料金はカウンセリングに影響するか?　料金を取るかどうかは、カウンセリングを行う場によってさまざまであるが、非指示的カウンセリングでは料金を取る取らないということが、カウンセリングの過程や成果に違いをも

たらす大きな要因とはならない。

⑥精神測定とカウンセリングとの関係は？ 精神測定テストは、カウンセラーにとっての必要な知識というよりも、クライアントの必要に応じて利用されるべきであり、たとえばカウンセリングの終結段階においてクライアントの要求によってなされるような場合は有効な手段となりうるであろう。

4 ハーバート・ブライアンのケース（第四部）

『カウンセリングと心理療法』の第四部は、ハーバート・ブライアンという男性のクライアントとの合計八回におよぶカウンセリングの全記録であり、歴史上はじめて公刊された面接逐語記録である。クライアントのブライアン氏は、三十歳近くの青年で、神経症的な問題に悩み、自発的にカウンセリングを求めて来談した人であった。

この克明な逐語記録には、ロジャーズによる入念な注が加えられ、初期のクライアント中心療法の実際と成果をあらわす記念碑的な事例として議論の的になってきた。また、わが国では訳者の友田不二男氏によって「真空（vaccu-me）」という言葉をめぐるカウンセラー－クライアント関係の問題が議論されるなど（本書第Ⅳ部第3章の諸富の考察を参照）、この事例は現在でも尽きることのない議論の素材を提供してくれる。したがって、この事例についてはぜひ、主要著作集1巻の逐語記録全体を一読することをすすめたい。

以上『カウンセリングと心理療法』について、そのおもな論点を整理してみた。ここには、実践家ロジャーズが独自に歩みはじめた新たな方向性が明らかに示されている。『問題児の治療』がさまざまの理論や方法についての幅広い考察を中心にしていたのに対し、この『カウンセリングと心理療法』では、他人のものではなく、ロジャーズ自身の臨床実践の考えと方法が彼自身の言葉で描かれている。カウンセリングの有効性や実践上の諸問題などの論述の中には、まだ過渡的でその後の彼の考えとは微妙な違いを見出せる点も少なくないが、実践家としての彼の具体的で現実的な意見やセンスには注目すべきところも多い。特に、カウンセリングの過程についての記述は、カウンセリング実践にとってのマネジメント的な知見を得るには貴重な内容である。なぜかこの時期のロジャーズの非指示的技術（前述したように、この本にはそれはさほど強調されていない）ばかりが伝わってしまい、それ以外の面がなおざりにされてきた日本のクライアント中心療法の実情を考えると、この本が古典としていま一度読み直され、検討される必要を感じるのは私だけではないであろう。

第三章　クライアント中心療法の展開――『クライアント中心療法』

一　『カウンセリングと心理療法』から『クライアント中心療法』(主要著作集2巻)へ

『カウンセリングと心理療法』の反響は大きく、当時のガイダンス的な仕事に携わりながら心理治療的な活動に関心を寄せつつあった教育界や産業界などのカウンセラーたちにロジャーズの名前と彼の方法はまたたくまに広まっていった。さらに、学会や研究誌では、ロジャーズが提案した方法と、古いあるいは指示的と彼に批判された方法の是非をめぐって、指示‐非指示論争と呼ばれる議論が巻き起こった。このような論争は結果的に、ガイダンス・カウンセリングの分野にロジャーズの考えと方法が折衷的に組み込まれていく流れを作りだしたといえる。

そして『カウンセリングと心理療法』の発表後、ロジャーズは実践的にも、また研究や教育の面でもきわめて精力的な活動を行っていくことになる。「ハーバート・ブライアンのケース」で着手されたカウンセリングの逐語記録の報告と検討は、その後も次々と行われ(全集第11巻『カウンセリングの立場』に収録)、また、クライアント中心療法の有効性を検証しようとする種々の実証的研究も同僚や共同研究者たちの協力によって積み重ねられていった。

そして一九五一年に『クライアント中心療法(Client-Centered Therapy)』(主要著作集2巻)が出版された。この本には、『カウンセリングと心理療法』以後の膨大な数の実証研究や事例記録が引用され、また第二部「クライアント中心療法の応用」では共同研究者たちによる執筆が行われるなど、ロジャーズがもはや彼一人の考えを述べるにとどまらず、一つの立場あるいは学派が形成され、その立場の主張が展開されているという印象を強く受ける（なお、主要著作集2巻にはロジャーズ以外の執筆者による章は収録されていない）。またこの本は、理論家ロジャーズの誕生としても位置づけられるものであり、また、実践家ロジャーズの一つの到達点を示す内容ももっている。

二　『クライアント中心療法』を読む

1　クライアント中心療法の発展的特質（主要著作集2巻第一章）

この本では、クライアント中心療法が変化し発展しつつある一つのアプローチであるということを強調し、「非指示的もしくはクライアント中心のアプローチを、なにかしら静的なもの、つまり、定式、技術、かなり硬直したシステムであると見なす傾向がある」（主要著作集2巻、一三―一四頁）が、それは適切な理解ではないとしている。ロジャーズは、アプローチという言葉以外に、オリエンテーション、あるいは一つの〈学派〉といった言葉を用い、『カウンセリングと心理療法』以降の、実践の範囲、活動の形態、研究、訓練、理論の進展について述べ、発展していくであろうこのアプローチの現時点での成果を示すのがこの本の目的である、と言う。

2　カウンセラーの態度とオリエンテーション（主要著作集2巻第二章）

まずロジャーズはクライアント中心のカウンセラーの基本的なオリエンテーションについて、「カウンセラーは一貫して、人は潜在的に意識に現れる人生のすべての状況に建設的に対処するだけの十分な能力をもち合わせている、という仮説に基づいて行動する」（二七頁）と述べ、こうしたクライアントへの信頼や尊重と、それに裏打ちされた行為こそが、クライアント中心のカウンセラーを支えるオリエンテーションであるとする。そして、『カウンセリングと心理療法』以来、形式的にあるいは誤って公式化されてきた次のような考え方は修正が加えられねばならない、とする。まず第一に、カウンセラーはたんに受け身的で無干渉主義であるべきだというものである。これはクライアントには関心の欠如や拒絶として経験される。第二に、クライアントの感情を明確にし客観化するのがカウンセラーの仕事である、という考えである。これはクライアントの感情がいかなるものかを断定的に告げるやり方に結びつく危険性がある。

ロジャーズは、これらに代わる公式化として、「カウンセラーの役目とは、できるだけ内部的な視点でクライアントを見る態度を身につけ、クライアントが見ているままの世界を認知し、クライアントが自分がどのように見られているかというクライアント自身の気持ちを理解し、そうしている間は外部的な視点に基づく一切の認知を排除し、クライアントにこの共感的な理解を伝達する、ということである」（三二頁）と述べる。そして、この新たな仮説をめぐる理論的な問題や、この仮説を例証するフィードラー（Fiedler, F. E.）の研究をはじめとした実証的な諸研究のデータが示され、詳しく議論されている。ここには明らかに、クライアント中心療法の実践的な基盤が、技術的なものから、より深いカウンセラーの態度もしくは（現象学的ともいえる）方法に求められている、という力点の移動が存在している。

3　クライアントにより体験される心理療法の関係（主要著作集2巻第三章）

次に「クライアントにより体験される心理療法の関係」について、やはり現象学的な方法を援用して詳細に考察している。クライアントはまず、カウンセラーやカウンセリング関係を、当初の期待や予測——それが叶えられることは少ない——に基づいて認知するが、次第にカウンセラーの態度や方法——誠意と安全さ——を正確に経験するようになる。そしてさらに、心理療法が次のような性質をもつ経験として味わわれるようになる。

①責任についての体験　この関係の中で自ら責任をとることができる。

②問題を探究する体験　自分の中のさまざまな複雑で矛盾するような感情や態度が探究される。

③否認された態度についての気づき　直感的・生理的には体験しているが、意識的には認識されていない態度や情動を自分の中に発見する。

④自己再編の体験　それまでの自己の概念が新しい体験の認知を含む方向へと改変される。

⑤進歩についての体験　語っていた問題や否認されていた体験が受け入れられ、それらは、苦痛や不安の原因というより、クライアントを前進させるものになる。
⑥心理療法の終結についての体験　カウンセラーからの自立を体験する（七一－八六頁）。

4　心理療法の過程（主要著作集2巻第四章）

さらにロジャーズは、心理療法の過程の中で生じる動きについて、研究データや逐語記録を用いながら、やはり詳細に記述している。ここで概念化されているのは、症状から自己へ、環境から自己へ、他人から自己へという方向性であり、より具体的には、自己概念もしくは自己構造の変化、否認されていた体験を意識する心の動き、価値を認める過程における特徴的な心の動き、心理療法関係の特徴的な発展といった、後の「過程尺度」へと結実するいくつかの要因が記述されている。また、ロールシャッハ・テストやその他のテストにあらわれた変化や、行動としてあらわれる変化についても詳しく考察が行われている。

5　他の見地より提起される三つの質問（主要著作集2巻第五章）

そしてロジャーズは、クライアント中心療法以外の立場から出されることの多いいくつかの疑問――転移の問題、診断上の問題、クライアント中心療法の適用可能性――について検討を加えている。

(1)転移の問題については、「転移の態度の定義を、以前に他人との関係の中に存在していた態度が、心理臨床家に対して不適当に向けられている情動化された態度である、とすれば、クライアント中心の心理臨床家によって扱われる事例にも、かなりの割合で転移の態度が表れることになる」（二一五頁）と述べ、精神分析において重視される転移の現象が、クライアント中心療法の中にも表れることを認めている。しかしロジャーズは、こうした現象が生じたいくつかの事例を具体的に検討しながら、クライアント中心療法ではそうしたクライアントの態度や認知がまさにクライアント自身のものであることに気づくよう援助することを重視している。

「クライアント中心の心理臨床家の転移に対する反応は、そのクライアントの他のあらゆる態度に対する反応と同じである。

つまり、心理臨床家は理解して、受け入れようと努めるのである」（二〇〇頁）。

こうした心理療法家の態度や反応によって、クライアントが強い情動的態度を表現しても、その態度そのものまで理解され受容されるので、クライアントはそうした情動が対象（心理療法家）や対象との関係の中にあるのではなく、まさに自分自身の中にあるものであることに気づくようになる。そしてこうしたプロセスは自己の再編にとっての中核的な体験となる、とロジャーズは言う。彼は、クライアントに対する解釈的で評価的な態度は、クライアントが自分の体験を明瞭に実感し、自己の責任を引き受けていくという自信を喪失させ、心理療法家に依存するという態度を生じさせてしまうと述べ、それが精神分析において強い転移関係を生じさせているのではないかと論じている。

⑵診断上の問題については、「合理的な心理療法は正確な診断が行われて初めて計画され、実行されるものである」という一般的で皮相的な見解に対し、ロジャーズは異議を唱えている。さらに彼は、「こうした全般的な傾向の中で、クライアント中心療法の見解は、この議論の一つの極に位置し、心理療法には一般的に理解されている心理診断は不要であり、かえって心理療法過程の障害にもなりかねないと明言してきた」（二一六頁）と、以前にもまして心理診断に対する批判的な見解を述べている。しかしここで重要なのは、彼が診断という行為すべてを否定しているのではなくて、「一般的に理解されている心理診断」と断っていることである。つまりそれは、心理療法のために行われるクライアントの何らかの心理的特性についての診断であり、ロジャーズはそうした行為の有効性を問題にしようとしているのである。彼は、どういった診断であろうとそれがクライアントの援助に結びつかないものであれば、意味をもたないと考えている。「行動を変化させるためには、認知の変化が体験されなければならない。知的な理解がこの代わりとなることはありえない」と彼は言い、「クライアント中心療法にかぎらず精神分析においても、究極的な診断者はクライアントもしくは患者ということになるのだ」（二一八頁）としている。「心理療法とは、旧来の認知方法の不備を体験し、より正確で適切な新しい認知を体験し、そうした認知同士間の意義ある関係を認識することである。きわめて有意義で正確な意味において、心理療法とは診断であり、この診断とは、臨床家の知性ではなく、クライアントの体験の中に進行する過程である」（二一九頁）。ロジャーズの主張は、一般に

熟練した専門家が行うと考えられている診断について、そこにはクライアントの責任や主体性の問題がまったく省みられていないという立場からなされている。診断否定論者とみなされることもあるロジャーズだが、こうした主張は、近年のインフォームド・コンセントの問題や、セルフヘルプの動向などを先取りした見解として理解することができよう。

(3)クライアント中心療法の適用可能性について、ロジャーズは、『カウンセリングと心理療法』で示したカウンセリングの適用の基準をこえて、明らかにその基準の範囲は拡大され、さらに、受容され深く尊重され理解されるという心理的環境はあらゆる人びとに適用することが可能なものであるという見解を示している。「クライアント中心療法があらゆる心理的状態を治癒すると言っているわけではない。…（中略）…しかし、自己理解を深めるために、より現実的な統合をめざした自己再編のために、そしてより快適で成熟した行動様式を発展させるために、人が利用することができる心理的な環境とは、あるグループにとっては役立ち、他のグループにとっては役立たないといった機会ではない。たとえそれがすべての問題を解決しないとしても、あるいは特定の個人が必要とするすべての援助を提供しないとしても、基本的にはすべての人に適用できるという一つの考え方に至る」（二二四頁）とロジャーズは述べている。

以上、『クライアント中心療法』の第一部「クライアント中心療法の現在」の内容を簡潔にみてみた。ここには、技術から人間的な態度を重視する方向へ、応答の仕方といった表層的なレベルからより深い内面的な理解を重視する方向へ、そして一つの方法というよりもより純化されたあり方として実践の可能性が拡大される方向への変容・深化をみてとることができる。また、この本の中には、共感的理解、内部的な視点、自己の再編、価値を認める過程といったその後のクライアント中心療法の中心的な概念となる用語が登場している。特に心理臨床の実践的な面においては、この著作をロジャーズおよびクライアント中心療法の一つの到達点とみなすことは間違いではないであろう。

なお、『クライアント中心療法』では第二部に「クライアント中心療法の応用」というテーマで、「プレイ心理療法」（全集第7巻第3章所収）、「グループ中心のサイコ心理療法」（同第4章所収）、「集団中心のリーダーシップと管理」

（同第5章所収）、「学生中心の授業」（主要著作集2巻第六章所収）、「カウンセラーおよび心理療法家の訓練」（主要著作集2巻第七章所収）、といった各章が設けられている。ここではそれらを詳述することはできないが、クライアント中心療法がさまざまな場や領域に展開されていった実践上の資料として重要なものである。

三　その後の実践家ロジャーズ

これまで、『問題児の治療』『カウンセリングと心理療法』『クライアント中心療法』というロジャーズの初期の代表的な著作を中心に、クライアント中心療法がどのように誕生し展開されてきたのか、またロジャーズの実践とはいったいどのようなものであったのかについて考えてきた。その後のロジャーズは実践家であると同時に、次第に理論家そして思想家としての特色をあわせもつようになる。しかし彼は、そのウエイトは少しずつ軽くなっていったとはいえ、最後まで実践家としてのアイデンティティを失わなかったことも事実である。その後の実践家ロジャーズの姿を知ろうとするための資料はいくつもあるが、その代表的なものとして次の二つを指摘しておきたい。

一つは、「沈黙の青年」（Rogers, 1967：全集第21巻）と題する、ウィスコンシンの統合失調症の治療プロジェクトで彼が行った、ある入院統合失調症患者の青年との面接逐語記録である。ここには、関係をつくることすら難しい患者とロジャーズとの面接過程が赤裸々に報告されており、一般にクライアント中心療法の型と思われているようなやり方を越えて、より真実でリアルな関係を築いていこうとするロジャーズの姿が見て取れる。統合失調症の治療プロジェクトは、ロジャーズおよびクライアント中心療法にとって実りある成果ばかりを残したわけではないが、彼がここでも真摯に臨床実践に取り組み、面接の逐語記録を発表した態度は特筆することができよう。また、精神病圏の人に対するクライアント中心療法の適用可能性や課題などを考えるうえでも、この「沈黙の青年」という記録は貴重な資料である。

もう一つは『エンカウンター・グループ』（Rogers, 1970）の中に見ることができる、グループの中のロジャーズの動きについてである。統合失調症のプロジェクト終結後、彼がエンカウンター・グループの実践に取り組み、PCA（パーソンセンタード・アプローチ）という個人療法に限定されないより社会的な活動へ身を投じていったことはよく知られているが、それはたんにクライアント中心療法の活動領域の変化や拡大ということだけでなく、実践家ロジャーズのその後の歩みを知るためにも検討の価値があろう。たとえば彼は、エンカウンター・グループの実践をとおして、個人療法の場ではあまり意識することがなかった、自分の中の怒りを感じることができるようになったと語っている。ここにも、経験に学び、実践家としてのたえざる成長を自らに課していたロジャーズの姿を見ることができる。

おわりに

以上、実践家カール・ロジャーズの姿と彼がたどった足跡を考察してきた。最後に、実践家としてのロジャーズの特質はどのようなところにあったのか、そしてわれわれはそこから何を学びうるかということについて考えてみたい。

まず、これまでの考察で明らかなように、ロジャーズの実践には絶えず、自らの仮説を検証しようとする入念な実証的研究と、現象に意味を見いだそうとする深い思索がともなっていた。彼の実践は、ただ闇雲の、場当たり的なものではなかった。自らの経験を意味づけ、仮説を検証し、より深い実践のあり方を形作っていったロジャーズの姿勢は、実践というものがそれだけ切り離されて存在するのではなく、検証や思索といった努力とダイナミックに関係しあうことでよりいきいきと力を発揮するのだ、ということをわれわれに教えてくれる。

また、彼のクライアント中心療法は実践を重ねることによって、次第に純化され、洗練されていった。心理療法の外的な要因や条件などはしだいに語られなくなり、本質的な問題についての深い考察が行われるようになった。ここで注意しなければならないのは、その純化された言葉は、あくまでも彼の実践をとおして出てきたものであるということである。彼ははじめから洗練された抽象的な言葉で心理療法の本質や意味を語っていたわけではない。ということは、われわれもまた実践をとおして彼の言葉や考察の意味を考えなければならないだろう。実践ぬきにロジャーズの臨床論の正否を論じても、無意味な空論になってしまう可能性が高い。

さらにここで一つの問いが浮かぶ。基本的に個人的で主観的であるはずの、彼の臨床実践が、どのようにして多くの人びとに知られ、影響を与えるようになったのか、ということである。これまで明らかにしてきたように、ロジャーズには、若い頃から一貫して保ち続けた実証研究のセンスのよさや、心理療法の本質的要素を的確な言葉で表現できる言語能力があった。彼は心理療法の科学性と公共性の確保に貢献した最大の功労者である。彼は自分の実践を、自分の中に閉ざされたものとしてではなく、公共的なものとしてオープンにする力をもっていた。そういう意味で、実践家ロジャーズは自分の実践を他者に伝えることができた、実践についてのすぐれた語り部でもあったといえよう。

実践家ロジャーズは、その後の理論家、思想家としての彼の根底を形作るものであり、晩年までその真摯な姿は保たれていた。ジェンドリン（Gendlin, E. T.）は、「アメリカン・サイコロジスト」誌に寄せたロジャーズへの追悼文を次のようにしめくくっている。

「私がカールに最後に会ったのは、数カ月前に行われたパネル討論の時だった。そこでは純粋なクライアント中心の方法を固持しようとする人たちと、それを他の諸方法の中に統合しようとする人たちとの間に議論が起こった。私はそのいずれも必要であると述べた。しかしカールは、『私はいわゆるクライアント中心的なやりかたを見いだしたかったのではない。私は人びとを援助するありかたを見いだしたかったのだ』と語った」（Gendlin, 1988, p. 128）。

第Ⅱ部　理論家ロジャーズ

保坂　亨

プロローグおよび第Ⅰ部でみてきたように、実践家としてのロジャーズの新しい考えは、発表と同時にさまざまな波紋を呼び、激しい論争を生み出した。技術志向の強い『カウンセリングと心理療法』では、一実践家が主張した「非指示的」技法が注目されてしまったが、それは彼の本意ではなかった。そこで彼は、クライアントが主体的に成長する力を尊重するセラピストの態度に焦点をあてた『クライアント中心療法』を著した。ここに一学派を形成する理論家ロジャーズの誕生をみる。

この書をもって理論家ロジャーズ誕生とする所以は、この中に前著には見られなかったパーソナリティ理論、ここで取り上げる「人格と行動についての理論」が含まれているからである。フロイトがそうであったように、独自の心理療法を主張していくには、当然その独創的な方法がどのようにしてクライアントのパーソナリティに影響を与え、彼の行動の変化を生み出すのかという理論的な説明原理を必要とする。したがって、パーソナリティ理論と治療理論が両輪となって一つの学派が形成されるといってよいだろう。以下この第Ⅱ部では、理論家ロジャーズが主張したパーソナリティ理論と治療理論をその展開に沿って読み解いていくことにしよう。

第一章　パーソナリティ理論

一　「人格と行動についての理論」（主要著作集2巻第八章）を読む

1　自己理論

ロジャーズがその実践の中で当初から注目した要素の一つは、クライアントの自分自身についての態度、つまり自分についての感情や自分というものについての認知の仕方であった。それがその人の行動やパーソナリティとどのように関連しているかという視点から、パーソナリティにおける自己の機能についての理論（＝自己理論）が形成されていった。しかし、ロジャーズ自らもこの論文の中で認めているように、この自己理論の背景には「一九四〇年から一九五〇年にかけての十年間に発表されたいくつかの貢献」として、個人の主観的・経験的な知覚の世界、特に「自己」の機能に焦点をあてた新しい研究の登場と展開をあげなくてはならない。実際彼はこの論文の冒頭に、ゴールドシュタインをはじめとして一六人もの名前をあげ、さらに次節で取り上げる「クライエント中心療法の立場から発展したセラピィ、パーソナリティおよび対人関係の理論」では、レイミーらの研究をあげてその流れを概観している。

このロジャーズのパーソナリティ理論ともいうべき自己理論の中心的構成概念は、刻々と経験されていく自分自身についての知覚の総体としての自己概念（＝対象として知覚された自己）であり、意識化することを許される自己の知覚の体制化された構造（=自己構造）である。ロジャーズは、この誰もが持っている自分自身についての認識である自己概念と、その人の日々の実際の経験との間の大きな不一致こそが心理的な不適応であるとみなしたのである。

人は自分が刻々と経験していることが、自分にとってどのような意味を持つのかをつかむためには、自分自身に対しても（当然人に対しても）、その経験を何らかの形で象徴化して表現しなければならない。そこで、その人が重要な感情を伴ったある経験を意識することを拒否したり、あるいは歪めて意識することが生じてくる。そのためにある経験は正確に自己概念として象徴化されず、また自己構造に体制化されないという形で、自己と経験との間に不一致が生まれる。その不一致が大きくなった場合が心理的不適応の状態とロジャーズは考えたのである。

2　パーソナリティの図式的説明

ロジャーズは前記のことを、この論文の中で単純化して次のように図式的に説明した。図Ⅰ・Ⅱは自己構造（左円）と経験（右円）からなる全体的パーソナリティを表し、第Ⅰ領域では経験が自己概念と一致しており、第Ⅱ領域では経験が歪められ、第Ⅲ領域では経験が否認されている。また、図Ⅰが自己と経験との間の不一致が大きい心理的不適応の状態、図Ⅱは比較的不一致が小さい心理的に適応している状態を示している。それぞれの円の中にあるアルファベットは、いろいろな経験の要素であり、これを図Ⅰすなわち心理的に不適応の状態から具体的に説明している。

一方、この人が心理療法を受けて心理的に不適応の状態（図Ⅰ）から適応状態（図Ⅱ）に移行したと考えてみよう。その場合先の経験の各要素は、次（図Ⅰ・Ⅱのa～f）のように自己構造に再体制化されていくとロジャーズは説明する。

図Ⅱではいずれの場合においても、内面へと投影された親の態度や諸価値は、そのまま知覚され、以前（図Ⅰ）のように象徴化にあたって歪曲されていない。自己構造がそのような経験を認められるほどに柔軟になったためである。ロジャーズは、この図Ⅱに描写されたパーソナリティの特質を、より大きな自己受容の基盤であると述べて次のよう

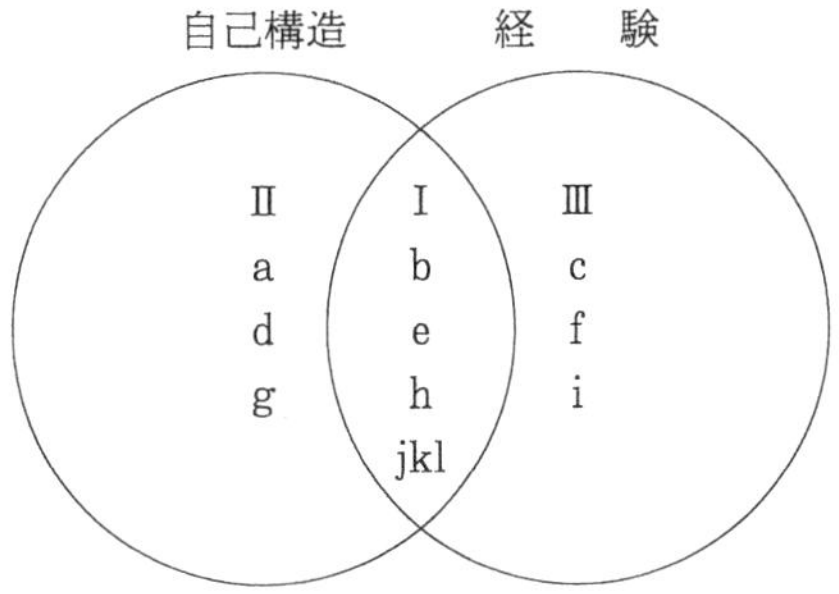

図Ⅰ　全体的パーソナリティ

（a）**「私は機械を取り扱うことがまったく苦手で、それが何事もうまくいかないことの一つの証拠なのです」**。これは、外側から投入された概念、およびその概念と結びついた価値観であり、本人がその両親から受け継いだものである。

（b）**私は機械装置を操作できないことを体験する**。これは、何度も起こっている直接的な体験である。このような体験は自己の構造と一致しているために、その中に取り込まれる。

（c）**難しい機械の操作に成功している体験**。これは、自己概念と一致せず、そのために直接に意識に入ることが許されないような感覚的な体験である。

（d）**「父には憎しみしか感じませんし、私がこのように感じるのは道徳的に正しいものです」**。ハー嬢の母親は夫に捨てられたのであるから、あたかも自分自身の知覚的・直感的な体験に基づいているかのように、こうした感情や、こうした父親との関係についての概念、さらにそれに付随する価値観を、ハー嬢が取り入れていたことは驚くに足らないことである。

（e）**私は、父と接するときに父への嫌悪を体験してきた**。彼女が父親と何回か会ったときに、彼女には満足できないような父親の行動があった。これは、直接的な感覚的経験であった。そうした体験は自己構造と一致し、その中に同化される。彼女の行動は、この全体的な自己構造と一致しているのである。

（f）**父親への肯定的な感情についての体験**。こうした体験が生起したとき、それは全体的な自己構造とはまったく一致するものではなかった。そのため、そうした体験は意識化することが否認された。（主要著作集２巻，p. 353-355）

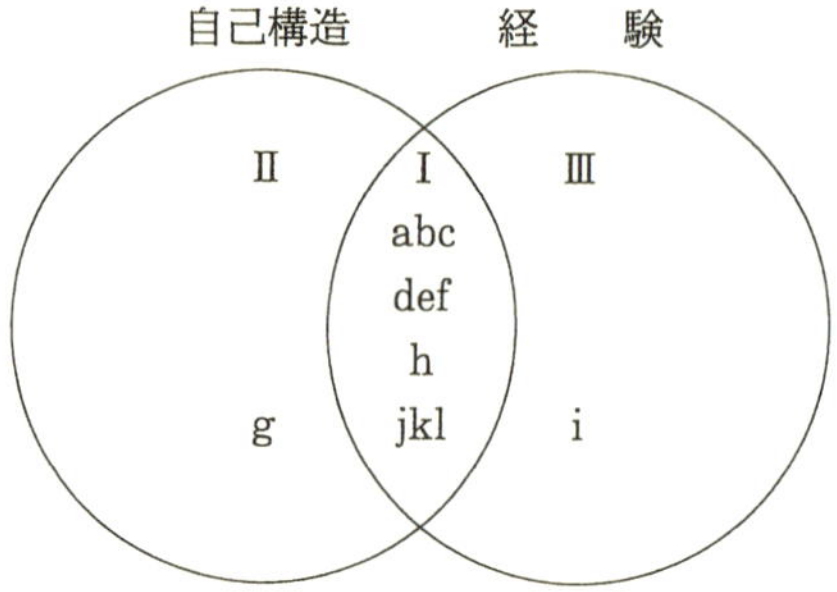

図Ⅱ　全体的パーソナリティ

（a）私が機械は苦手であると両親が感じたこと、そしてこのことは両親にとっては否定的な価値観であった、ということがわかった。

（b）私自身の体験が、いろんな仕方でそうした評価を確認している。

（c）しかし、私はこの方面に多少の能力をもっている。

（d）母が父を嫌悪し、私も同じように父を嫌悪してくれたらと母が期待していることを、私は認知しています。

（e）私はいくつかの点で、また、いくつかのことで父を嫌悪しています。

（f）そして私は、いくつかの点で、また、いくつかのことで父が好きです。そして、こうした経験はいずれも受容することができる私の一部です。

（主要著作集 2 巻，p. 353，p. 357）

にまとめている。

①潜在的な緊張（不安）が少なくなり、傷つきやすさも減少する。

②自己構造が柔軟になるため自己防衛的でなくなる。

③行動が歪曲されたり、否認されたりする経験がより少なくなって、日々の生活状況への適応性が改善される。

④よりいっそう自己統制がとれるようになり、生活能力が増してくることを感じる。

単純化していえば、図Ⅱよりもさらに自己構造と経験が一致していき、完全に一致するときが最適の心理的適応の状態ということになる。つまり、あらゆる経験が象徴化されたレベルで自己構造の中に同化されるか、あるいは同化される可能性のあるように自己構造が柔軟に保たれている場合をさしている。

3 さらなる展開

ロジャーズは、卓越した心理療法家であり、自分の臨床実践に基づいて理論を形成していった。当然、ここで述べてきた彼のパーソナリティ理論もまた、彼の臨床実践を理論化するうえで必要な面にのみ焦点があてられているといってよいだろう。そのためロジャーズの理論は、人間のパーソナリティを理解するために考えられた類型論や特性論とは明らかにちがった特徴を持っている。これらがたとえていえば静止画像としてパーソナリティをとらえていくのに対して、自己理論では変化を前提として動的にとらえようとしているといえよう。そして、この場合の変化とは、直接的には心理療法の場におけるクライアントのパーソナリティ変化を指しているが、ここからさらにロジャーズは発達を含めた人間のパーソナリティ変化の理論をまとめあげていく。それが次節で取り上げる論文「クライエント中心療法の立場から発展したセラピィ、パーソナリティおよび対人関係の理論」におさめられている。

二 「クライエント中心療法の立場から発展したセラピィ、パーソナリティおよび対人関係の理論」(Rogers, 1959：全集第8巻5章)を読む

1 同論文の背景

この論文は、ロジャーズがアメリカ心理学会から要請され、「心理学——その科学的研究」というシリーズの一章として寄稿したものである。表題に示したとおり、一九五九年公刊とされるが、実際には一九五六年にタイプ印刷で配布されていたという。この論文に関してはロジャーズ自身「人格と行動の変化過程の理論についてそれまでにまとめられたどの本よりも厳密」(Rogers, 1980)であると自負し、「数学に詳しい若い心理学者が『実に克明だ！　これ

を数学用語で書き直すこともできるな』と述べた」というエピソードを紹介しているほどである。しかし、同シリーズは「その後長年に渡って大学院生や心理学者に読まれると確信していた」彼の期待を裏切って「最も利用されないもの」となってしまい、彼をおおいに不思議がらせたいわくつきの論文である。

2　全体的内容

しかしその扱われ方は別として、この論文の内容は実に豊富であり、理論家ロジャーズの全体像をつかむには格好のものといえよう。先に本論文の全体像を簡潔に紹介しておこう。

まず、ユニークなのは、冒頭に理論の地盤として自伝的な資料が紹介されている点であろう。彼は、行動理論を代表するアイゼンクとはちがって一貫して「いかなる理論といえども、それが発生してきた文化的人間的な地盤についてある程度の知識がなかったならば、正しく理解できないものである」という立場をとっている。本書でもプロローグとして彼の生涯とその社会文化的な背景をともに描いた所以である。

続いて、後に科学観としてまとめられていく彼の理論や科学研究に対する基本的態度が述べられている。そして本論に先立って、「実現傾向」をはじめとして四〇の構成概念が操作的に定義されている。この部分は彼の理論を理解するうえで辞書としての役割を果たし得る。本論は「Ⅰ　セラピィとパーソナリティの変化についての理論」「Ⅱ　パーソナリティの理論」「Ⅲ　十分に機能する人間についての理論」「Ⅳ　対人関係の理論」「Ⅴ　応用の理論」の五部構成になっている。特にⅤでは家庭生活・教育・集団が取り上げられており、先の科学観と合わせてすでに思想家ロジャーズ（本書第Ⅲ部参照）への変貌がかいまみえて興味深い。

3　パーソナリティ理論としての位置付け

ロジャーズは、「Ⅱ　パーソナリティの理論」において幼児期からのパーソナリティの発達を前節で述べてきた自己の発達に焦点をあててまとめている。以下それを概観していこう。

まず「A 幼児について仮定された特徴」として次の六点をあげている。

「1 幼児は自分の経験を現実（reality）として知覚している。彼の経験は、彼の現実である。

2 幼児は、自分の有機体を実現していくという生来の傾向をもっている。

3 幼児は、基本的な実現傾向によって、現実との交互作用を行なっている。

4 この交互作用のなかでは、幼児は一つの体制化された全体、つまり一つのゲシタルトとして行動する。

5 幼児は、有機体的価値づけの過程を経験しはじめる。その際、経験を価値づけていく一つの規準となるのは、実現傾向である。すなわち、有機体を維持したり強化するものとして知覚される経験は、肯定的な価値を与えられ、そのような維持や強化を不可能にすると知覚される経験は、否定的な価値を与えられる。

6 幼児は、肯定的に価値づけられた経験を求めて進んで行くようになり、否定的に価値づけられた経験を避けるように行動する」（全集第8巻、二二五－二二六頁）。

そして、これらを前提として自己が発達していく第一段階「B 自己の発達」を以下のようにまとめている。

「1 実現傾向の一部である分化（differenciation）への傾向と並んで、個人の経験の一部は分化し、象徴化されて、存在していることや機能していることを意識している状態になる。このように意識している状態は、自己経験といってよい。

2 存在していることや、機能していることを意識している状態の表象は、環境との交互作用によって、ことに重要な他人（significant others）から構成されている環境との交互作用によって、自己概念につくりあげられていき、その人の経験の場のなかで知覚の対象となる」（二二七頁）。

このように自己を意識の上で気づくようになれば、幼児は「C 肯定的な配慮を求める欲求」と「D 自己配慮を求める欲求」を発達させ、「E 価値の条件」を獲得していく。すなわち、

「幼児は愛情（＝肯定的な配慮）を求めることを学んでいく。愛情は非常に満足を与える。しかし、自分が愛情を受けてい

るかどうかを知るためには、母親の顔、身振り、その他のはっきりしない手がかりを観察しなければならない。そこで幼児は、母親にどのように見られているかという、見られ方についての全体的なゲシタルトを発達させていく。そして、愛情や拒否などの一つ一つの新しい経験は、その全体的なゲシタルトを変えていく傾向がある。それだから、幼児のある特定の行動について不承認を示すような母親の行動は、一般的な不承認として経験される傾向がある。これは幼児にとっては非常に重要なことであるので、幼児の行動は、ある経験が有機体を維持し、強化するかどうかということより、母親の愛を得る可能性があるかどうかによって導かれていくことになるのである。やがて間もなく、幼児はまったく同じやり方で自分自身をながめることを学び、自分を一つの全構図（total configuration）として、好んだりきらったりするようになる（＝自己配慮を求める欲求）。幼児は、母親や他人とはまったく独立して、自分自身と自分の行動を、その人たちが見たのと同じ方法で見るようになる。このことは、有機体に実際は満足な経験を与えないようなある行動が、肯定的に見られるという意味をもっている。また、実際には有機体に不満足な経験を与えない行動であるのに、否定的に見られるものもある。このように、取り入れられた価値にしたがって行動するような場合が、価値の条件を獲得したといってよい状態である」（二二九－二三〇頁）。

こうして人は価値の条件にしたがって自分の経験を選択的に知覚するようになり、自己と経験の間の不一致がある程度存在するようになる。前節で概説したようにこの不一致が大きくなった場合が心理的不適応であるとロジャーズは定義したのである。

なお、ロジャーズ自身はこのパーソナリティの発達に関する諸命題（理論）について「母体となった経験（自分の臨床実践）からもっとも離れたものであり、そのためもっとも疑わしいものであることに留意していてほしい」と警告している。こうした警告を発するところがいかにもロジャーズらしいといえるだろう。

4　実証研究への展開

このロジャーズのパーソナリティ理論（自己理論）は、それまでのパーソナリティ理論および研究に比して、その変化（発達）という問題に対してまさに真正面から取り組んだものとして評価されよう。そして、心理療法における変化の過程を実証的にとらえ、研究することを可能にしたがゆえに、実証的な研究への道を大きく切り開く結果となった。クライエント中心療法におけるそうした成果としては「パーソナリティの変化」（Rogers, 1954：全集第13巻）がその代表として第一にあげられるが、それにとどまらずこの理論を基盤にして数多くの実証研究が生み出されていった。そして、一九五〇年代以降今日に至るまで、自己概念とその変化をテーマとした研究は、心理学におけるパーソナリティ研究の分野全体の中においても一大潮流となっている。

5　自己理論（ロジャーズ）から体験過程（ジェンドリン）へ

ロジャーズ自身注意深く警告しているように、この自己理論はあくまでも「次第に修正されるべき段階の仮説」として提示されたのだが、その後の研究によって検討・修正されるべき仮説としてよりは、むしろロジャーズおよびクライアント中心療法が至ったパーソナリティ理論として受け取られ、評価されてきたきらいがある。しかし、末武（一九八六）が指摘するように、ジェンドリンによる「体験過程」がこのロジャーズの自己理論を塗り変えるべく提起されたものととらえる方がロジャーズの真意にかなっているだろう。

すなわち、パーソナリティの変化をとらえようとした自己理論は、いまだパーソナリティそのものを静止画像的に実体であるかのように描いており、残念ながら変化そのものをとらえきってはいない。この変化そのものにさらに焦点をあて、緻密な理論的修正を加えていったのがジェンドリンの「体験過程」論といえよう。そして、この「体験過程」論はより広い視野から「自己理論」を包含する関係にあり、「『自己理論』における『自己概念と経験との一致』、『自己概念の再体制化』といった用語は、『体験過程』論において提出された『体験過程の推進』といった、より根本的な現象の断面をあらわすものとして理解することができるのである」（末武、一九八六）。

第二章　ロジャーズの治療理論

一　「パーソナリティ変化の必要にして十分な条件」（Rogers, 1957：全集第4巻6章）を読む

1　はじめに：ロジャーズ理論の展開と本論文の位置づけ

ロジャーズのクライアント中心療法の基本的な考え方の中心にあるものは、人間の中に主体的な自己実現傾向を認める点であろう。つまり、人間は自らの基本的潜在能力を最大限に発展させようと努力する存在であるととらえ、きわめて楽観的に人間を基本的に良（善）いもの・能動的なものと考えている。こうした考え方は、基本的に人間に対する見方＝人間観ともいうべきもの、すなわち一つの哲学であり、心理治療の実践において根底となる思想を形成している（この哲学・思想については第Ⅲ部を参照のこと）。

こうした考え方を基盤としたロジャーズの治療理論は、『カウンセリングと心理療法』第二章「カウンセリングと心理療法における新旧の見解（1942）」（主要著作集1巻）、『クライアント中心療法』第二章「カウンセラーの態度とオリエンテーション（1951）」（主要著作集2巻）を経て、第一章二で取り上げた「クライエント中心療法の立場から発展したセラピィ、パーソナリティおよび対人関係の理論」で公式化された。そしてさらに、ここで取り上げる「パーソナリティ変化の必要にして十分な条件」という論文（以下条件論文と略す）においてあまりにも有名な六条件とし

て結晶化された。

この間、ロジャーズの治療理論は、その根本的な人間観に変わりはないにしても、客観的にみればやはり変化しているととらえる必要があるだろう。特に、彼が『カウンセリングと心理療法』で述べている「非指示的なアプローチ」は、指示的カウンセリングや精神分析に対するアンチテーゼであり、明らかに「技術志向」と彼自身認めている(Evance, 1972)。しかし、この当時(一九四〇年代)のロジャーズの他の論文(Rogers, 1946)などから、「うなずき」や「感情の反射・明確化」という技術だけがいわゆるロジャーズ流のカウンセリングの練習として取り上げられて広まってしまったと考えられる。この後(一九五〇年代)ロジャーズが強調するセラピストの態度条件と遊離したこの種の技術は、本来のロジャーズの治療理論とはまったくちがったものと言わざるをえない。

ロジャーズは、こうした初期のアンチテーゼとしての技術志向から、独自のかつ根源的なセラピストの態度条件についての考察へと進んでいく。この初期の理論的変化を一言でいえば「技術としての非指示的アプローチからセラピストの態度としてのクライアント中心療法へ」ということになろう。そして、こうした考えをまとめて発表したのが『クライアント中心療法』である。したがって、やはりここが理論家ロジャーズの誕生といえよう。

本章ではこうしたロジャーズの初期の変化をふまえた上で、その治療理論の中核として条件論文を読み解いていくことにする。英文にしてわずか十頁足らずのきわめて簡潔なこの論文は、ロジャーズの数ある著作の中で一つ読むとしたらまちがいなく第一にあがるものであろう(できれば原文にあたることをおすすめしたい)。

2　条件論文の内容(1)　必要にして十分な六条件

ロジャーズは、きわめて簡潔にその治療理論を以下のように述べた(全集第4巻、一一九–一二〇頁)。

「建設的なパースナリティ変化が起こるためには、次のような条件が存在し、それがかなりの期間継続することが必要である。

1　二人の人間が、心理的な接触(psychological contact)をもっていること。

2　第1の人――この人をクライエントと名づける――は、不一致（incongruence）の状態にあり、傷つきやすい、あるいは不安の状態にあること。
3　第2の人――この人をセラピスト（therapist 治療者：引用者注）と呼ぶ――は、この関係のなかで、一致（congruent）しており、統合され（integrated）ていること。
4　セラピストは、クライエントに対して、無条件の肯定的な配慮（unconditional positive regard）を経験していること。
5　セラピストは、クライエントの内部的照合枠（internal frame of reference）に共感的理解（empathic understanding：傍点部のみ引用者訳、以下同様）を経験しており、そしてこの経験をクライエントに伝達するように努めていること。
6　セラピストの共感的理解と無条件の肯定的配慮をクライエントに伝達するということが、最低限に達成されること」。

第1の条件は、「関係」を明示している。最低限の関係、すなわち心理的な接触が存在しなければならないことを述べているが、本来これはそれに続く諸条件に対しての前提ともいうべき位置付けにある。

また、第2の条件はクライアントの状態を表わしている。これに関してはすでに第一章で取り上げている。

そして、第3から第5の三条件がセラピストの基本的な態度として取り上げられているものである。

第3の条件は、以下のように説明されている。

「セラピストが、この関係の範囲内では、一致した（congruent）、純粋な（genuine）、統合された人間でなければならない、ということである。それは、この関係のなかで彼が、自由にかつ深く自分自身であり、彼の現実が自分自身についての彼の気づき（by his awareness of himself）によって正確に表現されるという意味である。それは、意識的にせよ無意識的にせよ、表面的なものだけを表現することの反対なのである。…（略）…。このことが、サイコセラピィにとって理想的であるとは考えられないようなあり方であっても、ともかく自分自身であることを意味していることは明らかであろう。彼は、「私はこのクライエントを恐れている」とか、「私の注意力は私自身の問題に集中しているので、彼に耳を傾けることができない。」というような体験をするかもしれない。セラピストが、このような感情を自分の意識に否定しないで、自由にそうあることができるならば（もっと別の感情であってもよい）、われわれの述べている条件は満たされているのである」（一二三―一二四頁）。

これについては、ロジャーズ自身もいろいろな言葉で説明し、それを解説する人たちの手によって、またいろいろな説明が加えられている［たとえば、平木（一九八四）は「邪気のないこと＝本物であること」「ありのままの自分でいること」と説明している］が、一番理解されにくい、また現実に理解されていない条件であろう。筆者自身はよく次のような例を使って説明している。友人から夜遅く電話がかかってきて、こちらの都合などおかまいなく、その日あったことで延々と愚痴を聞かされたりする。こうしたとき自分は本当は「疲れて眠たいし、聞きたくないな」と思っていても、「ふーん、そうなの」と適当にあいづちをうって聞く、いや、実際はそんなに聞いていないのだが、聞くふりをしてしまう。このときの状態がここでいう一致、統合あるいは透明さとは正反対のものであるといえよう。こうした聞き方は、普通の人であればどうということはないが、傷つきやすい、不安な状態にあるクライアントに対しては、かえってよけい傷つけてしまう可能性がある。極端にいうならば、疲れて聞くことのできない場合には、はっきりと「聞けない」と断った方が良いときがあるし、少なくともそれを相手に伝えることが必要なときもある。

しかし、実際にそうしたことを直接相手に伝えることはむずかしい。また、そもそもその前提として、そのときの自分の内的な心の動きや感情に気づく必要がある。自分の内側に起こっていることを把握しておくことが、相手の話をきちんと聞く際には重要であるということをロジャーズは指摘したのである。つまり、セラピストの自己分析の必要性を取り上げたといってよいだろう。ただし、この場合の自己分析とは、セラピストがクライアントと会っている時間に絶えず、自分の心の中に注意を向け、そこに何があるかを意識化していく努力を意味する。

また、ロジャーズは次のようにも付け加えている。

「セラピストが、彼の生活のあらゆる側面において、これだけの統合性をもち、これだけの全体性を示す模範的な人間である必要はない（それはまた不可能でもあろう）。彼は、この関係のこの時間において、正確に自己自身であり、この瞬間において、このような基本的な意味で自己のありのままであるならば、それで十分なのである」（一二三―一二四頁）。

第4の条件については、次のように述べている。

「それは、受容について何も条件がないことであり、『あなたがかくかくである場合にだけ、私はあなたが好きなのです』というような感情をもっていないことである。それは、デューイがこの言葉を用いている場合と同じように、人間を『高く評価する』ということである。それは、選択的な評価的態度――『あなたはこういう点では良いが、こういう点では悪い』というような――とは正反対のものである。それは、クライエントの『良い』ポジティヴな、成熟した、自信のある、社会的な感情の表現を受容するのとまったくおなじくらいに、彼のネガティヴな、『悪い』、苦しい、恐怖の、防衛的な、異常な感情の表現を受容することであり、クライエントの一致しているやり方をも受容するのとまったく同じくらいに、彼の一致していないやり方をも受容することである。それは、クライエントに心を配ることであるが、所有的な、あるいはセラピスト自身の欲求を満足させるためだけの心配りではない。それは、クライエントを分離した人間として心を配ることであり、彼に自分自身の感情をもち、自分自身の体験をもつように許すことである」（一二五－一二六頁）。

すなわち、セラピストは、クライアントの話すどのような内容に対しても、クライアントが感じつつあるどのような感情に対してでも、またクライアントの示すどのような態度に対しても、決してその一部だけを取り上げたり、その一部を否定したり歪めたりすることなしに、まったく同じように理解し、受け入れようとする。面接中のクライアントの態度が、どんなに否定的であろうと肯定的であろうと、あるいはどのように以前の態度と矛盾していようと、そのこととは関係なしに、その瞬間瞬間の相手を受け入れようとするのである。そしてこの際には、クライアントを一人の価値ある人間としてまるごと受けとめることが要請されているのである（なお、この二つの条件の関係については、一つの問題点として次節であらためて取り上げたい）。

「第5の条件は、クライエントの自己自身の体験についての意識に対して、セラピストが正確な共感的理解を体験するということである。クライエントの私的な世界を、あたかも自分自身のものであるかのように感じ取り、しかもこの〈あたかも……のように〉という性格を失わない――これが共感なのであり、セラピィにとって肝要なものであると思われる。クライエントの怒りや恐怖や混乱を、あたかも自分自身のものであるかのように感じとり、しかも自分の怒りや恐怖や混乱がそのなかに巻きこまれないようにすること、これが、われわれがここで説明しようとしている条件なのである」（一二七頁）。

漢字で「きく」という場合、何通りかに表記できるが、この条件は「聞く＝音が聞こえる」や、「尋く＝こちらの尋ねたいことをきく」ではなく、「聴く＝耳で聞いたことを心で受け止める」ことを指しているといえよう（平木、一九八四）。この共感的理解の度合いが広くかつ深くなり、正確さと精密さが増すならば、セラピストはクライアントの体験のなかでほとんど意識されていないような意味をも、口に出して述べることもできるのである。

最後の第6条件は、セラピストについてのクライアントの知覚を問題にしている。クライアントが最低限度、セラピストが彼に対して体験している無条件の積極的関心や共感的理解を知覚しているということである。具体的には、クライアントがセラピストの態度（行動や言語）から、「この人は私を認めてくれる」とか、「この人にはわかってもらえた」と認知できているということになろう。この最後の条件は、後にロジャーズたちが、統合失調症者との治療関係に取り組んだ際に、特に重要な意味をもつことになった。すなわち、彼らの中には、このような条件の伝達をまったく受け取ろうとしない人たちがいたのである。その事実をふまえてこれら六条件が再検討されることになる。

3　条件論文の内容（2）　省略された重要なもの

これら六条件をあげたロジャーズは、同論文の中で続けて「必要な条件としてあげられた公式のなかに、何か驚くべき特色があるとするならば、それはおそらく述べられなかったいくつかの要素のなかにある」と述べて、以下五点をあげている。

「1　これらの諸条件はある種のクライエントに適用されるものであり、他の型のクライエントのサイコセラピィにおける変化をもたらすためには他の条件が必要であるとは述べられていない」（一三二頁）。

神経症にはある条件や方法、精神病にはそれとはちがった条件や方法が必要であるというのが、それまでの臨床分野に一般的な考え方であった。しかし、ロジャーズはそれとは反対に、ただ一つの本質的条件がどのようなクライアントにも適用できるという きわめて革新的な考えを提示した。

「2 これら六つの条件は、クライエント中心療法の本質的条件であり、他の型のサイコセラピィには別の条件が必要であるということも述べられていない」(一三二－一三三頁)。

さまざまな心理療法がさまざまな異なった型のパーソナリティ変化を生み出し、すべての心理療法にはそれぞれがった条件が必要であるという考え方もありうる。しかし、ロジャーズは効果的な心理療法はどのようなものであろうと、パーソナリティや行動の同じような変化をもたらすものであり、そのためのただ一つの本質的な条件があると主張した。

「3 サイコセラピィは、特殊な種類の人間関係であり、日常生活に起こってくる他のすべての人間関係と違った種類のものであるということも述べられていない」(一三三頁)。

ロジャーズは、たとえばすぐれた友情関係など、日常にみられる人間関係においても、たとえ短期間にせよこれらの条件が満たされてこそ援助的でありうると考えた。つまり日常的な人間関係にも本来存在している建設的な性質を深め、かつ時間的に拡大したものがこれらの条件であると主張したのである。

「4 セラピストには、特殊な専門的な知識――心理学的、精神医学的、医学的、または宗教的な――が要求される、ということも述べられていない」(一三四頁)。

ロジャーズは、特殊な専門的知識の獲得がセラピストの本質的な条件ではないと打ち出した。つまりここでセラピストに要求されている第3、第4、第5の条件は、知識ではなく「経験的な性質」のものである。したがって、それらは知的な学習によって獲得されるものではなく、「経験的な訓練」によって習得されるものと位置づけられる。ちなみにこの経験的な訓練としてロジャーズたちが始めた集中的な体験学習から発展したのが、ベイシック・エンカウンター・グループ(Ⅲ部参照)である。

「5 セラピストがクライエントについて、正確な心理的診断をすることがサイコセラピィには必要である、ということも述べられていない」（一三四頁）。

診断的な知識が、ある安定をセラピストに与え、それゆえに援助を促進するものとして診断の正当性を主張しうるかもしれない。しかし、そうした場合においても「診断的知識が、サイコセラピィにとって必須なものではない」というのがロジャーズの主張なのである（この点に関しては次節でもう一つの問題点として取り上げたい）。

4　おわりに

ロジャーズの主張は、セラピストとクライアントの関係こそが治療の成否を分かつ要因であることを明瞭に公式化した点できわめて意義深いものといえよう。そして、それはもはやクライアント中心療法においてのみ認められるものではなくなっており、広く臨床の各学派においても重要な、本質的な考え方として受け入れられているといってよいだろう。しかし、一方でロジャーズの言っていることは理想論にすぎないという批判があることも事実である。特に、先の第3、第4、第5の三条件に対して、「ロジャーズの言っていることはまちがっていないが、これだけではどうしていいかわからない（河合、一九七五）」との批判がある。同じく、河合の巧みな比喩をかりれば、「ロジャーズの言っている条件は、『(野球で）ヒットを打つために必要な条件は、確実にミートする、力いっぱい振る、野手のいないところに打つ、の3条件であり、これさえできれば誰でもプロ野球選手になれる』（中略）というところにやや近いところがある」ということになろう。

そもそもロジャーズの提示した諸条件は、精神分析における自由連想法のような固有の具体的な技法とその展開を持たないセラピストの基本的姿勢と考えられる。なぜならばロジャーズは、技法について次のように述べている。

「理論から暗示される一つの問題は、種々のセラピィの技術は、それが一つの条件を満たすための通路（channel）としてどの程度役だつかということを除けば、比較的重要なものでないということである」（一三七頁）。

逆に言えば、ロジャーズの提示したものが基本的姿勢にとどまっているがゆえに、各学派を越えて広く基本的なものとして受け入れられたともいえよう。

二　『治療関係とそのインパクト』(Rogers, 1967：全集第19巻、第20巻、第21巻) を読む

1　はじめに：本書の背景とその位置づけ

シカゴ時代のロジャーズは、クライアント中心療法についてそれが限られたアプローチであると認めているところがあった。たとえば「ある人の混乱があまりにも大きくて、クリニックの場面で扱うことができないということがはっきり致しますと、わたくしたちは、最初にどこか（入院させることができる精神科医）に委託するのです。そこにある程度のスクリーニングがある」（全集第14巻、三〇五頁）と述べているし、また「クライエント中心療法は、その発端における状況のために、大部分は、混乱した、神経症的な、入院していない人で、援助の必要をいくらか意識しており、また援助を求めて自分からセラピストやクリニックにやってきた人に対して用いられたアプローチ」（全集第15巻、一四二頁）であることを認めている。しかし、しだいにその治療理論がすべての心理療法およびすべてのクライアントにおいて本質的なものであると考えるに至って、前節で取り上げた条件論文が発表された。そして、その革新的な仮説を検証するために、ウィスコンシン大学に移って統合失調症入院患者へのアプローチに着手することになる。本書の冒頭において、ロジャーズは次のように書き記している。

「私は長いこと、入院している精神病の人びとともに取り組むひとつの好機を欲していた。援助を求めてやってきている、不適応な、かつ混乱した人びととの、われわれの取り組みにおいて、われわれが経験的に支持するようになっているいろいろの仮説は、州立病院にいる人びととの取り組みにおいても、同じように有効であることがわかるであろうか？　私はまた、正常な人びとについてこれらの諸仮説を試みてみたい、という欲求をもっていた。混乱した人間の中に建設的な発展を育てるような種類の関係は、正常に機能している人間にとっても、援助的であって、その人の現在の状態を越えて、あるひとつのもっ

と豊かな人間的な生き方（personal living）へと、その人を成長させるであろうか？　私は、私の臨床的な経験、およびリサーチの経験、のほとんどが、中間のグループ――神経症の人、不適応な人、混乱した人、床についていない、もしくは機能している精神病患者、ひどい対人関係の諸問題をもっている人――とのものであったという気がしたのであった。いまや私は、私の臨床的な範囲とリサーチの範囲との両方を拡大して、人生に立ち向かう、および人生を回避する、いろいろの方法を、見いだすときの人びとの全体的なスペクトル――ひとつの極の、慢性的に入院している精神病の人から、もうひとつの極の、立派に機能している正常な人にいたるまで――を、含めたいと望んだのであった。われわれは、あらゆる種類の人間の場合に――その人の診断的なレッテルがどのようなものであろうとも、彼が精神病患者と見なされようと、精神病患者ではないと見なされようとも、同じ種類のセラピィもしくは関係が効果的であろう、と信じていた。このことが真実であるとわかるであろうか？

この信念を探索するために、私はまず、精神病患者とともに始めたいと思ったのであった」（全集第19巻、五―六頁）。

ロジャーズを中心として行われた壮大なこの実践的な研究の成果が、英文にして六二五頁にもわたる膨大な本書としてまとめられたわけである。しかし、カーシェンバウム（Kirschenbaum, 1979）によれば、さまざまな困難をかかえたこのプロジェクトはさらに出版の段階で、トルーアックス（いろいろな疑惑をもたれ、途中でこのプロジェクトをはなれていた）を当初の契約通り編者とするかどうかをめぐって再び立ち往生してしまう。ロジャーズはこの問題をめぐって、ジェンドリンとの交渉においては弁護士をたてられ、キースラーからは絶縁状といってもよいほどの内容の手紙を送りつけられる。結局契約通りロジャーズ、ジェンドリン、キースラー、トルーアックス編として出版されるまでに何年もの無駄な時間が費やされてしまったのである。そして、残念ながらその成果は、当然ここまで混乱した研究チームそのままに一貫性がなく、出版までのもたつきもあって人々の関心を引くことなく、再版もされずに埋もれてしまう結果となった（問題のトルーアックスは、長い心理的な困難が明らかになった後自殺をとげる）。

すでに一九六四年ウィスコンシンからカリフォルニアに移ったロジャーズの関心は、エンカウンター・グループに移っており、さらには第Ⅲ部にみるようにロジャーズ自身思想家として活躍しだしたために、彼の手によるクライアント中心療法の理論的展開はここまでになってしまったといえよう。しかし、このプロジェクトがもたらした豊富な資料すなわち本書の中には、クライアント中心療法にとってきわめて重要な知見が含まれていると見ることも可能である。本節では、そうした観点から本書を読み解いてみることにしよう。

2　研究結果の要約

まずはじめに、ロジャーズの手による研究結果の要約について簡潔にふれておこう。これは本書第1部第5章（全集第19巻）に「重要な意味をもつおもな諸結果を、簡潔に提出する」という形でまとめられている。

(1)　サイコセラピィの理論はテストされうる（一三三頁）

「セラピィ的な変化についてのひとつの理論をテストすることは、その理論の概念的な諸要素を測定するための用具を案出することによって、可能である」（一三四頁）。

ロジャーズ自身は、これが「もっとも重要な研究結果」と考えており、こうしてサイコセラピィの分野が「独断と意見と論争との王国」から実証科学へと進むことができるとしたのである。いかにも実践の人ロジャーズらしいといえるだろう。

(2)　セラピィ関係の質の測定（一三七頁）

①セラピストの示す理解、受容、および純粋さのレベルにかかわらず、患者たちはこれらの諸条件をあまり知覚できない傾向があった（このことが必然的に以下のようなきわめて重要な知見をもたらす）。

②「神経症のクライエントたちは、おもにセラピストの理解と純粋さとを知覚するように思われるのであり、したがって、彼らの中心的な焦点は自己－探索にあると思われるのも当然である。他方、われわれの精神分裂症の患者たちは、おもに、暖かい受容（肯定的な配慮）と純粋さとのレベルを知覚した。彼らの焦点は、関係－形成にあると思われたのであった」（一三八頁）。（そして次のことは、研究チームにとって予期せぬ、驚くべき結果であったようだ）。

③評定者と患者とは、セラピィ関係について同じような評価をする傾向があり、一方セラピストは、その両者とはちがった評価をした。したがって、成功ケースにおいては、患者とセラピストは同じような見方をしていたのに対して、失敗ケースにおいてはその逆であった（一四〇頁）。

(3)　プロセスの質の測定（一四三頁）

①患者たちは、自分自身の体験過程から決定的に離れており、セラピィ的なプロセスの諸段階を測定するためにわれわれが案出した諸道具で、非常に限定されたレベルの動きしか示さなかった。したがって、患者にはセラピィを通して、セラピストの態度に対応するようなプロセスの動きが見られなかった。

（しかし、セラピストの態度とプロセスのレベルとの関係を詳細に検討すると以下のような結果が見いだされた）。

②セラピストの理解と純粋さのレベルが深いほど、患者はより深いレベルの自己－体験と自己－探索とを表す。

③（予期せぬことに）低い諸条件がしばしば患者の状態の悪化をもたらしてしまった。

(4)　セラピィ・グループおよび統制グループにおける所産（一四五頁）

全体としてみると両グループには大きな差はみられなかったが、以下のような傾向が見いだされた。

①前者は、病院からの退院についてわずかに良い結果が得られ、それはセラピィ終了後一年間維持された。

②前者は後者よりも多くのパーソナリティの諸変化を示した。

③高いレベルの正確な共感を受けている患者は、心理テストにおける統合失調傾向を減少させた。

(5)　関係における患者とセラピストとの相互作用（一五九頁）

「セラピストの諸態度は、明らかに重要なのであるが、患者の諸特徴がこれらの質を引き出すうえでひとつの決定的な役割を演じているように思われるのである。高いセラピィ的な諸条件は、セラピストという人間と、彼のクライエントという人間との間の相互作用の所産であるように思われるのである」（一六一頁）。

ないクライアントたちと関係を作っていくことに悪戦苦闘していた。

3　ロジャーズたちがぶつかったもの：クライアント中心療法の展開のための整理

ロジャーズたちは、このプロジェクトを通じて、前記2の(3)の①に示されたように治療や改善への動機づけを持たないクライアントたちと関係を作っていくことに悪戦苦闘していた。

「ここでは、ひとつのグループとしてのセラピストたちは、彼らが取り組んでいる人びとの取り合わせ――精神分裂症患者たちも正常者たちもともに――が、かつてサイコセラピィのリサーチにおいて研究されているどのようなグループよりも、クライエントとして、おそらくはもっと見込みがないということを、しだいに実感するようになったというだけで十分である。（中略）セラピストたちは、彼らが取り扱っている人びとが、動機づけられておらず、しばしば手がとどかない、大部分希望をもっていない、セラピィについてどのような概念をももっていない、そうして確かに、あるひとつの関係が援助的でありうるという信頼をまったくもっていない、ということを、実感するようになったのであった。（中略）この状況に立ち向かおうと努める、彼らの献身と根気強さとは、このリサーチの驚くべきひとつのそう話であった。彼らのすべてにとって、非常な失意の時があった」（一二四－一二五頁）。

また、ジェンドリンも本書の中（第5部第4章、全集第21巻）で統合失調症のクライアントたちの特徴として「沈黙」「掘り下げの過程が欠けているという感じ」「自分から進められる過程がない」「セラピストを拒否する」点をあげ、「リサーチのためということがなかったならば、われわれはとうていこのようなクライアントたちとつづけていくことはできなかったであろう」とまで述べている。そして、それまでにはあまり重要視されてこなかった先の六条件中最後にあげられていたクライアントの知覚の問題が浮かび上がり（前記2の(3)の①参照）、彼らも統合失調症と神経症のクライアントのちがいを認めざるを得なくなった（前記2の(2)の②参照）。

また、実践的にはセラピストの純粋性が強調されるようになっていく（前記2の(3)の②参照）。ジェンドリンも先の統合失調症患者の特徴に続けて「このようなクライアントのゆえに、セラピストもまた、彼の反応行動の水源として彼自身の具体的に感じられている体験過程（his own concretely felt experiencing）を用いなければならなくなる」と述べている。すなわち、より洗練された相手との関係におけるセラピスト自身の体験過程の意識化が要求され、それに基づいたセラピストの自己表明がクライアントとの新しい関係を生み出すことが発見された。本書第6部第6章（全集21巻）においてロジャーズを含む三人のセラピストの実践に他のセラピストがコメントを加えているのだが、そこでこのことが評価されている点が興味深い。

「臨床的論評者の何人かは、セラピストがだんだんと自己自身を解放して率直なコミュニケーションをしようとしたことは、ひとつの重要なできごとであったと指摘する」（全集第21巻、二八八頁）。

これらのことは、クライアント中心療法が統合失調症のクライアントと直面するきびしい状況にぶつかって、その治療理論の根本的な修正をせまられたというわけではないことは確認しておかなくてはならない。すなわちロジャーズは次のように述べている。

「われわれの研究結果の重要な意味をもつひとつのテーマは、関係のほとんど同じ質が、神経症の人と同じように、精神分裂症の人にとっても促進的である、ということである。そこにどのような相違があるかは、それほど重大とは思われないのである」（全集第19巻、一六五頁）。

しかし、一方で本書のロジャーズ以外の著者たちは、前記2の⑵の②をはじめとして何度も統合失調症患者のクライアントの特徴といったことを取り上げ、「診断」という言葉を使っているのも事実である。この点が本書において一貫性がないところの最たるものといえよう。したがってまずこの点を整理しなくてはならないだろう。そして次にきちんと理解されていないロジャーズの治療理論の後期の変化、純粋性の強調について取り上げることにしたい。

⑴診断の問題

そもそもロジャーズの「診断否定」については誤解の多いところである。確かにロジャーズは前節で取り上げた条件論文（全集第4巻6章所収）をはじめとして本書や他の論文において繰り返し「診断的知識がサイコセラピィにおいて必須なものではない」と主張している。しかし、実際彼が否定しているのは、人間を対象として客観視する見方であると考えられる。クライアントを客観的対象として評価し、診断する見方ないし立場は、クライアントに心理的防衛をもたらし、彼が自己の体験過程に近づくことを妨げてしまう。その結果、心理療法に必要な安全な心理的風土を作り出すことはできない、というのがロジャーズ本来の主張であろう。

しかし、狭義の精神医学的診断はともかくとして診断的な「見立て」（土居、一九七七）は、心理療法において必要であることはいうまでもない。なぜならば、心理療法がそのクライエントに適しているかどうかの判断、より具体的にいえば特定のセラピストが特定のクライアントの心理療法を引き受けるかどうかの判断と、治療の見通しを含む心理診断的見立てなしに治療が開始されることなどありえないからである。したがって、当然本プロジェクトを通じて「患者の諸特徴の重要性」が浮かび上がってきたものといえよう。

本書の結果をふまえていえば、クライアント中心療法にとっても少なくとも以下の三点は、心理診断的見立てとして治療を始めるにあたって見積もっておくべきものとしてあげられよう。

①セラピストの示す基本的態度や治療関係における安全な風土を認知する力：これはすでに先の六条件の中にあげられていたが、このプロジェクトを通してあらためてその重要性が認識されるようになったといえよう。

②病的傾向（不安や混乱の程度）：従来のロジャーズの治療理論ではこうした自己実現傾向を妨げるものへの考慮が弱かったことは事実であろう。

③体験過程への照合の責任性：②とは逆に、そのクライアントが自分の問題をどこまで自分のものとして引き受ける気があるのかという点も重要である。

当然、これら三点は互いに密接に結びついていることはいうまでもない。そして、従来のロジャーズの治療理論には、こうした心理診断的見立てを可能にする基礎理論が欠けていることは指摘できる。（繰り返しになるが）本書の重要な結果としてロジャーズは「神経症のクライエントたちは、おもにセラピストの理解と純粋さとを知覚するように思われるのであり、したがって、彼らの中心的な焦点は自己－探索にあると思われるのも当然である。他方、われわれの精神分裂症の患者たちは、おもに、暖かい受容（肯定的な配慮）と純粋さとのレベルを知覚した。彼らの焦点は、関係－形成にあると思われたのであった」（全集第19巻、一三八頁）と述べている。また、ジェンドリンもこのプロジェクトを通じて統合失調症の患者との接触から学んだものとして、クライアントのセラピィ内行動を「①沈黙・反応しない、②沈黙しているが反応もしている、③言語的だが外面化する」（全集第21巻、七七－一三九頁）の三点に分類し、その対応について議論している。その中で彼は「もし、そのクライアントがその瞬間においてこれこれのことをするならばこれこれのことをするのが援助的になると思う」という形の公式を提出しようとしている。こうした方向性は、それまでのロジャーズの治療理論に欠けていた心理診断的な見立てを可能にする基礎理論の構築に向かっているといってよいだろう。具体的にいえば、どのようなクライアントに対して、どのような技法で、セラピストの基本的な態度を伝え、安全な治療的風土の認知に導き、自己の体験過程への照合作業に共に向かうのか。そのためには、どういうクライアントがどういう状態のときに、セラピストの基本的態度としては何が重要で、それを伝えるための技法としてはどのようなものが有効か。そうした細かい点を検討していく事例研究の積み重ねが必要になってこよう。クライアント中心療法の展開と課題の一つは、こうした方向性にあるといってもよいだろう（保坂、一九八八）。

また、先の③に関連して動機づけの問題にもふれておこう。本書の中でロジャーズは次のように告白している。

「あとでわかった知恵をもってすると、われわれは、援助を求める動機づけがおそらくわれわれの層形成における、もうひとつの変数であったはずであるということを、実感するのであるが、それは、これもまたセラピィの所産に関連している、と判断されているからなのである。しかしながらこの要因は、この企画の中に含められなかったのであった」（全集第19巻、五三頁注2）。

このことはこのプロジェクトのもう一方の極であった正常者たちとの面接において大きな問題となった。すなわち、

「セラピストたちは、援助を要求していない人びとにかかわるという仕事には慣れていなかったのであった。セラピストた

ちは、彼らがのちにそうなった（純粋性の強調：引用者注）ほど、表明的ではなく、重要な意味のあるあるひとつの関係を始めることに熟練していなかった」（全集第19巻、一二三頁）。

その結果、このグループの面接は一人として一二回を越えることがなく患者グループとの比較が不可能になり、リサーチの片隅に追いやられることになってしまったのである。この点を考えるとロジャーズの次なる挑戦が主として正常者を相手とするエンカウンター・グループになったことは興味深いといえるだろう。

(2) 純粋性の強調：特に受容との関連について

ロジャーズは本書の中で次のように記している。

「（そもそも：引用者注）クライエント－中心のオリエンテーションは、まず、ひとつのむしろ特殊なテクニック、もしくは方法、によって特徴づけられていた：すなわち、セラピストは絶えず、クライエントの感情を〈反射すること〉によって応ずる、ということであった。（中略）しだいにクライエント－中心のグループは、この方法が、ひとつのむしろぎこちない模倣、すなわち、その背後に、恐れているか、葛藤しているか、さもなければ関与していない、ひとりのセラピストが、隠れていることができるような一種の公式、という落とし穴へと、開かれている、ということに気づいたのであった。『あなたは……と感ずるのですね』、という反射の公式は、逐語記録のうえではよく見えるかもしれなかったが、行為においては、それは、ひとつの深い応答から、ひとつの不自然な仮面にいたるまで、さまざまでありえたのであった」（全集第19巻、二六－二七頁）。

ジェンドリンも同様に指摘している。

「クライエント中心療法は、はじめ、セラピストが『感情を反映（reflection）』するとき、深くそして自己のなかから推進されたセラピィ的過程（a deep, self-propelled therapeutic process）が起こる、という発見にもとづいて規定された。ロージァズの発見したこの種のセラピスト反応では、セラピストは、クライエントのなかに潜在している感情的メッセージ（affective message）または感じられている個人的意味づけ（felt personal meaning）について彼が感じとったものを、新鮮なかたちで言葉にする。しばらくの間このことは、クライエントの述べていることをセラピストがただくり返していることと区別するのがむずかしかった」（全集第21巻、八〇頁）。

しかし、やがてロジャーズは前節でみたように、さらに独自の根源的なセラピストの態度条件を発表するに至る。そして、ロジャーズ自身は、これらの態度条件の中では「純粋性」が最も基本的であり最重要のものと位置づけている（全集19巻、一七七頁）。したがって、「仮に自分自身の感情が次の二条件の邪魔になるならば、ときにはセラピストはその感情のいくつかを（彼のクライエント、もしくは同僚やスーパーバイザーに）話す必要があるかもしれない」（Rogers, 1957, p. 98）ということになる。このように後期のロジャーズは明らかに「純粋性」をより基本なものとして重視しているにもかかわらず、この概念の難しさもあってか、その真意はなかなか伝わらなかったようである。

また、一般には（初期の理論的変化がおさえられないまま）ロジャーズといえば「受容」と「共感」といわれるほど、「無条件の肯定的な配慮」と「共感的理解」が強調されるきらいがある。ロジャーズが前者を説明する中で「受容について何の条件もないこと（there are no conditions of acceptance）」と述べており、これが一般にわかりやすく「無条件の受容」と解説される部分であろう。しかし、このわかりやすい「受容」とわかりにくい「純粋性」との関係に大きな誤解があるようだ。以下この点を整理しておこう。

本書でロジャーズは、「自分の経験しているいろいろの感情を自分自身に否定しないということ、および、彼（セラピスト）が、進んで、その関係において存在するどのような持続的な感情でも、すきとおって見えるほどそれらの感情でいて、もしも適当ならば、彼のクライエントにそれらを知らせるということ」（全集第19巻、一七八－一七九頁）と簡潔に説明している。すなわち、セラピストが面接中に自己の体験過程への照合作業をしつづけることを意味すると考えられる。さらにいえば、ここには関係を促進させる基本的な態度次元としての体験過程の意識化と、関係を展開させるより高度な発展的次元としての体験過程の現実化（＝自己表明）の二つが含まれている（小谷、一九七二）。ロジャーズの言葉で平易に述べるならば、「もしも私が、自分はこのクライエントとの接触によってどうもつまらない感じがしている、と感じて（＝体験過程の意識化：引用者注）、この感じが続くならば、私は、彼のために、およびわれわれの関係のために、この感じを彼とともにわかたなければならない（＝体験過程の現実化：引用者注）と思うのである」（全集第19巻、一七九頁）ということになる。

ここで受容との関係でまず問題になってくるのは、態度次元としての体験過程の意識化であろう。河合（一九八六）は「そのこと（クライエントを受容し、かつ自分自身純粋性を保つこと：引用者注）は必然的にそこに何らかの対決（confrontation）を生ぜしめざるをえない」として両者の関係について意義深い考察を加えている。それによれば、クライアントの言うことをただ単に受け入れていくだけではセラピストの主体性はなく、そこにはセラピストの純粋性など存在しない。クライアントの言うことを受け入れていくと同時に、セラピストが自己の体験過程にも照合していくことで、セラピストの内部においてクライアントとの同形的対決が生じ、より深い治療的共感が可能となる。

「たとえば、クライアントが自殺したいという場合、カウンセラー（セラピストと同義：引用者注）はその感情を受け入れようとする。しかし、彼の心の一部には自殺を否定したい気持ちもはたらくであろう。その結果、カウンセラーはクライアントの自殺にたいしてそれの肯定と否定の感情の強い対決を自分の内面で体験することになる」（河合、一九八六）。

それによって、カウンセラーはクライアントの死に対するアンビバレントな気持ちに対して深い共感的理解を示すことが可能になるという。

当然、この河合があげた自殺の例同様、統合失調症入院患者のクライアントとのきびしい状況に直面することによって、ロジャーズたちもあらためて純粋性と受容つまりは無条件の肯定的配慮がときとして相反する（セラピストの中できびしく対決する）局面が意識されたであろう。その結果、それまでも重要な位置にあった「純粋性」という概念は、実践的にも理論的にもより洗練され、やがてジェンドリンの体験過程療法（ないしはフォーカシング）へと展開されていくことになる。

加えて、本プロジェクトを通じて、この先にある発展的次元としての体験過程の現実化すなわちセラピストの自己表明も取り上げられるようになった。ロジャーズはごく簡潔にしか述べていないが、面接中のクライアントに対してどこまで自己表明するのかはきわめてむずかしい問題といわねばならない。本書の中では、ジェンドリンがセラピィ内行動を三つに分類して論じている中でこの問題にふれているように、技法レベルの問題として取り上げることも可能であろう。こうした方向性にもうひとつのクライアント中心療法の展開と課題が指摘できよう（保坂、一九八八／佐治他、一九九六）。

第Ⅲ部　思想家ロジャーズ

諸富　祥彦

第Ⅲ部では、「思想」という側面からロジャーズの本質に迫っていく。

ロジャーズはもちろん、一般にそう呼ばれるところの「思想家」ではない。けれども、臨床実践家であり心理学研究者である彼が、臨床実践や心理学研究を重ねる中で形成していった「思想」がある。また彼の臨床実践や心理学研究の暗黙の前提となり、それを方向づけていた「思想」がある。この意味での「思想」という側面から、ロジャーズの本質に迫っていく。

第一章では、まず、ロジャーズの基本的人間観を明らかにした。「実現傾向」概念に帰する彼の人間観は、人間と他の存在者との区別に立たない。むしろそこには、草木であれ、ウニであれ、人間であれ、すべて等しく〈いのち〉を分け与えられたもの（生命体：organism）として、同じ相の下にとらえる見方が貫かれていることを確認した。次に、このようなポジティヴなロジャーズの人間観の独自性をロロ・メイやマルティン・ブーバーとの対話を検討する中で浮き彫りにした。さらにはそれが、晩年のロジャーズのトランスパーソナルな姿勢の基盤となっていることを指摘した。

この人間観の確認をもとに、以下の章では、より実践的な側面からロジャーズの思想を浮き彫りにした。すなわち第二章ではロジャーズの「教育」にかかわる諸活動と思想を、第三章では「結婚」にかかわる諸活動と思想を、そして第四章ではロジャーズがその壮年期から老年期にかけて展開したＰＣＡ（パーソンセンタード・アプローチ）による「社会」的な諸活動と思想とを検討して、その実際と本質とを描き出したのである。

第一章　ロジャーズの人間観を読む

一「人間の本性についての覚書」（全集第12巻2章）

1　ロジャーズの人間観――〈いのち〉あるものへの肯定的なまなざし――

ロジャーズは、その臨床経験や実証研究の蓄積を通して、人間をいかなる存在と見るに至ったか。端的にこう言ってよいだろう。ロジャーズの人間観の根底に据えられているもの。それは人間を含むすべての〈いのち〉あるもの、生きとし生けるものへの信頼に満ちたまなざしである、と。

ロジャーズは Person-Centered をスローガンとしたから、しばしば近代的な人間中心主義者と混同されがちである。しかし、彼の思想の本質は、人間と他の存在者との区別にはない。

彼の思想の根底にあるのはむしろ、この世におけるすべての〈いのち〉あるもの（生命体：organism）と人間とを同じまなざしの下に捉える姿勢である。ウニであれ、微生物であれ、草木であれ、すべては等しく〈いのちの働き〉を分け与えられた存在者である。人間もまた、これらと同じ〈いのちの働き〉を分け与えられたものとして、この世に存在している。

あらゆる〈いのち〉あるものを同一の相の下に捉え、そこに至上の価値を置くロジャーズの思想。それは「生命

〈いのち〉中心主義」の思想とさえ言ってよいほど徹底している。たとえば、「人間の本性についての覚書（Rogers, 1957）」という論文。この論文でもロジャーズは、人間の本性を他の動物や植物との共通性から捉えている。

すべての動物は、種としての一般的特性を備えている。ライオンであれ羊であれネズミであれ。これらの動物は、たとえ一見破壊的な行動をとっていても、その基本的傾向として、発達、分化、独立、責任、協力、成熟、さらには自己自身と種の保存と進歩に貢献する性格を備えている。同様に人間も、脅威が取り除かれ十分な安心感が与えられると、発達や分化や協力関係に向かい、独立に向かい、自己規制に向かい、自己と種の保存と進化に向かって進んでいくというその本性が顕現してくる。ロジャーズによれば人間は生来、矯正できないほど社会的であり、他者との安全で親密な関係を欠いては、満たされえないようにできている存在なのである。

このようなロジャーズの人間観の核をなすのが「実現傾向（actualizing tendency）」概念である。ロジャーズによれば、海草であれミミズであれ人間であれ、ありとあらゆる生命体は、自らを維持し実現し強化する方向に向かっていくようにできている。この世におけるすべての〈いのち〉あるものは、本来、自らに与えられた〈いのちの働き〉を発揮して、よりよく、より強く生きるよう定められている、というわけである。

このことを端的に示す例として、ロジャーズがしばしば引き合いに出すのが、ドリューシュによるウニの受精卵の研究である。彼はウニの受精卵が第一回目の分割を起こした後で、それを二つに分割することに成功した。そしてそれぞれの分割卵は、サイズは小さいけれど正常で完全なウニの幼生へ成長していくことがわかったのである。

ロジャーズは、このウニの研究は心理療法やエンカウンターグループで起きる出来事についての「この上ない類似例」を示している、と考える。ウニの研究者はＤＮＡをコントロールしたり細胞をつくり変えたりはしない。彼はただ、分割卵が生きのびていける条件を整えただけである。これと同様に、心理療法やグループにおいても、心理学的な培養液を準備するのであり、すると自ずと個人の内部から成長への方向性があらわれてくるのである。つまりロジャーズは、人間とウニとを共通のまなざしで捉える。等しく〈いのちの働き＝実現傾向〉を分け与えられ、条件さえ整えば、自らの〈いのち〉をよりよく生きる方向へと向かうよう定められた存在として両者を捉えているのである。

同じ心理学第三勢力に属したフランクルは、その人間観を披瀝する際、やはりまったく同じウニの分割卵の例を引きながら、個人の人格が分割不可能（In-dividuum）なものである点に着眼して、ウニとの相違点に人間存在の本質を見出している（Frankl, 1951）。ユダヤ・キリスト教的な伝統の上に立つフランクルは、人間を動物や植物など、他の存在者から区別された特権的存在とみなして、超越者とのかかわりを強調する方向（垂直方向）へと近代の人間中心主義を超克しようとするのである。これに対して、すべての〈いのち〉あるものを同じ相の下に捉えるロジャーズのまなざしにおいては、人間と他の存在者との区別は消滅してしまっている。

あらゆる存在者を、等しく〈いのちのつながり〉の中に見るロジャーズの思想。近代西欧の人間中心主義を「生命主義」の方向へ突破しようとするその思想は、すべての生命体はおのおの自己実現する平等の権利を持っていると考えるディープエコロジーの発想に近い。わが国でも一九八〇年代より、「いのち（生命）」の観点から医療問題、環境問題、教育問題などを再点検し、個人の生き方を変えると共に現代文明の矛盾を解決しようとする生命主義的言説が支持され始めている。ロジャーズの思想と方法も、このような思想的潮流の中に位置づくものとして見直されるべきである。

2　ロジャーズにおける理想的人間像――十分に機能する人間（主要著作集3巻）

ロジャーズは、あらゆる生命体は成長への傾向（実現傾向）を有していると考える。ではこの「実現傾向」は人間の行動にいかなる仕方で具現化されるか。ロジャーズはその最も純粋な発現形態を幼児の行動に見る。空腹な幼児の前に二四種類の自然食を並べ、どのような順序で食べるかを調べる実験を行ったところ、最初はでんぷんが豊富なもの、次にたんぱく質が豊富なもの、さらにはビタミンが豊富なもの、という順序でバランスよく食事をとっていった。こうした観察からロジャーズは、人間には生来、自らの生存と成長にとって大切なもの（価値あるもの）を選択していく生理的な知恵が備わっていると考える。そして実現傾向を基準として行われるこのような選択過程を「生命体的価値づけ過程（organismic valuing process）」と呼んでいる。

しかし、まもなく幼児には悲劇的な分裂が生じる。それは幼児が、母親を初めとする他者からの承認や愛情を欠いては生きていけないからである。承認や愛情の喪失を恐れる幼児は、次第に、生命体レベルの経験にでなく、他者から取り入れた諸価値に従って行動するようになる。またやがて自分の諸特質についての概念的ゲシュタルト、すなわち「自己」が発達すると、実現傾向は一方では生命体を実現するが、同時に他方では自己を実現するようになる。こうして個人の内部に、生命体的経験のレベルと概念的自己のレベルとの間の分裂が生じる。ロジャーズによればこの分裂こそ「人間のすべての心理的症状の原型であり、基礎であると同時に、すべての社会的な欠陥の基礎」である（ここでロジャーズの言う「自己の実現」は、潜在的可能性の実現としてのいわゆる「自己実現」ではなく、逆に人間疎外と分裂を引き起こすものであることに注意したい）。

ではこの分裂は、いかにすれば解消しうるか。これを示したのが、ロジャーズの治療的人間関係論である。個人の全体性があるがままに承認され尊重される人間関係において、この分裂は解消し、人格の再統合が可能になるとロジャーズは考えた。ロジャーズはここからさらに、次のような想像を進める。

「心理療法が最大限に成功するならば、そこからどのような特徴をもった人間が生まれてくるだろうか」。

こうして「治療過程の理論的極限」において出現すると想定されたロジャーズの理想的人間像が「十分に機能する人間（the fully functioning person）」である。それは言い換えれば、自らに与えられた〈いのちの働き＝実現傾向〉をフルに生ききっている人間のイメージにほかならない。

「十分に機能する人間」は以下の特徴をもつ（Rogers, 1963：主要著作集3巻第九章）。

①自分の体験に開かれている。生命体内部から発するものであれ環境から発するものであれ、すべての刺激は防衛機制によって歪曲されたり、型にはめたりされず、そのまま意識されうる（とはいえ、内的過程のすべてをまる

でムカデが百本の足の動きをことごとく意識するかのように意識しているわけではない。自己意識が顔を出すのは、機能がうまくいかない時だけである)。
②実存的に生きている。瞬間瞬間の新しい状況を楽しみながら生きている。
③自分の生命体を信頼している。全生命体と意識を機能させて、自分の衝動や欲求、他者の願望、社会的な要請や規則などの相対的な強さと重要性を比較考量し、最も満足できる行動を選択する。それはさながら巨大な電子計算機にたとえられる。感覚の印象や記憶や知識、身体内部の状態などのあらゆるデータを、何の禁止も障害もなく利用できる点が決定的な特徴である。

二 「ロジャーズとブーバーの対談」(全集第12巻)、「ロジャーズとメイの公開書簡」

1 セラピストとクライアントは対等でありうるか――ブーバーとの対談――

次に、他の臨床家や思想家との対談や文書でのやりとりをとりあげ、そこで提示された問題を検討することを通して、ロジャーズの思想の特質をより明確にしていこう。

最初に取り上げるのは、一九五七年四月一八日に行われたマルティン・ブーバー(Martin Buber, 1878–1965)との対談である(Rogers, 1960)。

ウィーン生まれのユダヤ系宗教学者ブーバーは、ハシディズムや聖書の研究と共に、「我と汝」の関係についての哲学的・神学的考察で知られる。相手を対象として経験するにすぎない「我–それ」関係との対比で、相互に全人格を傾けて働きかけあう「我と汝」の関係を説く彼の思想は、心理学や教育学、精神医学の世界に大きな影響を与えた。

ロジャーズ自身大きな期待を寄せたに違いないこの対談は、残念ながら擦れ違いに終わる。ブーバーとの共通点を強調するロジャーズに対し、ブーバーは相違点を強調。ロジャーズを突き放したからである。

争点の第一は、「セラピストとクライアントの対等性」の問題である。ロジャーズは、治療的関係がうまくいく「瞬間」の「主観的体験」について語る。そのような瞬間はブーバーが「我と汝」の関係と呼ぶものによく似ており、クライアントとの間に対等の感じがあるという。たしかに心理療法を開始する時点では相手を助けたいという気持ちもあるが、心理療法の過程が進むにつれてそのような気持ちはなくなり、最も真実な瞬間にはその気持ちは消え失せてしまう。援助はこのような出会いの副産物にすぎないとロジャーズは言う。これに対してブーバーは、主観的体験に関してであればそれも理解できるが、それはほんの数分の体験にすぎず、問題は治療状況の客観的構造なのだと言う。セラピストとクライアントには役割の違いがあり、セラピストには自分と相手の二つの立場に立つことが同時に求められるが、クライアントにはそれがないことをブーバーは強調する。しかしながら、治療状況の客観的構造とセラピストの主観的体験とは、そもそも次元の異なる問題であり、両立しえないものではない。セラピストとクライアントに役割の違いがあることなど、ロジャーズにとっては今さら取り上げる必要のない常識であり、心理療法がピークに至る瞬間の主観的体験についてブーバーと語り合おうとした彼の要望は、まさにすかされたことになる。

しかしブーバーにとってこの問題はことのほか重要だったようである。対談の半年後に書かれた『我と汝』の「あとがき」で、「完全な相互関係へと発展することがゆるされぬような我-汝の関わり」として、教育と精神療法の関係を取り上げ、もしそこで生徒や患者が教師や医師の側に立って出来事を感じとろうとするならば、教育関係や治療関係は崩壊し、単なる友情関係になっていくと言う（Buber, 1957）。しかし成功した心理療法の終結時において、クライアントがセラピストの側に立ってものを見ることがあることは、多少経験のあるセラピストにとってはごく当たり前のことである。それを治療関係と呼ぶか友情関係と呼ぶかが心理療法の本質にかかわるとは思えない。

それにしてもセラピストでもないブーバーがなぜこれほどに治療構造の問題にこだわり、関係の非対等性を強調したのか。この疑問は、次の第二の争点において解消される。

第二の争点は、対談の後半部分においてロジャーズの受容（acceptance）に対しブーバーが確証（confirmation）

を説く場面である。ブーバーによれば、相手をそのまま受け入れる「受容」に対し、「確証」はそれを超えて、相手の中に重要な意味を持つ可能性を見出すというより深い目標を持つものである。

「確証」とは何か。この対談をブーバー研究の視点から読む吉田（一九九〇）によれば、ブーバーにおける人間の生成は、彼が「永遠の汝の息吹」「大いなる意思」などと呼ぶ創造の根源力たる「真理」が、その人間に相応しい個性的な仕方で実現していくことである。そしてブーバーにおいて人間の本性は、善でも悪でもなく、混沌への力に呑み込まれていく（悪）こともあれば、「方向づけていく力」に即して導かれてゆく（善）こともあるので、援助者は被援助者の内で「真理」が現実化される方向性を確かめ、見極めてやる必要がある。被援助者が混沌に陥りそうな時には、彼が歩むべき方向を確かめ、指し示してやらなければならない。これが「確証」である。

つまり両者には、人間本性の理解において根本的な対立がある――ロジャーズはそれを善なるものとみなし、ブーバーは善でも悪でもありうるとみなす――のであり、それが両者の擦れ違いを引き起こしたと考えられる。

2　「悪」は生得的か――ロロ・メイとの公開書簡――

ロジャーズとブーバーの擦れ違いは、人間本性についての両者の見解の対立に起因するものであった。この同じ問題が、米国における実存心理学の草分け的存在ロロ・メイ（Rollo Reece May, 1909–1994）との公開書簡の中で正面きって論じられている。そこでは、人間の本性や心理療法の根幹にかかわる議論が展開されている。

口火を切ったのは「展望」一九八一年夏季号掲載のロジャーズのコメント（Rogers, 1981）であった。ロジャーズは、自分とメイの相違は人間本性の捉え方にあり、メイが悪魔的なもの（デモニックなもの：the demonic）を人間性の基本的要素と見るのに対し、自分は悪（evil）を人間本性に生得的なものと見ないことを強調する。人間本性は基本的に建設的なものであるが、手荒な出産や破壊的な教育制度などの文化的影響によって損なわれている。現実に存在する数々の邪悪で破壊的な行動はその結果生まれる。もし人間本性が生得的に悪の要素を持っているのなら、促進的な心理的環境を与えた時に個人が必ず建設的方向に向かっていくという事実を説明できなくなる、と言うのである。

これに対してメイは、「人間性心理学研究」一九八二年夏季号に、ロジャーズの約六倍にもわたるコメントを発表する。その主な論点は次の五点に整理できる（May, 1982）。

①自分が使う言葉は、デモニックではなく、ダイモニック（daimonic）であり、両者の意味はまったく異なる。ダイモニックな衝動に駆り立てられている潜在力がわれわれの建設的衝動と破壊的衝動双方の源泉である。破壊的行動は、ダイモニックな衝動が人格に統合されず、その全体を支配する結果、生まれてくるものである。

②ダイモニックな衝動を人格に統合することが心理療法の目的であり、人間の自律性は悪との対決から生まれる。したがって、セラピストへの怒りや敵意といった悪の諸側面も心理療法の中に持ち込む必要がある。しかし、ウィスコンシンでの統合失調症研究に評価者として参加した経験から言えば、クライアント中心のセラピストには、相手の敵意や怒りなどの邪悪な感情を避ける傾向が見られた。テープを聞いていて、部屋の中に二人の人間がいないような感じを覚えた。そこでは、患者が自らを独立した主体として経験し、セラピストと対峙して、対人的な世界に住む機会を奪いかねない。

③悪と対決しないことがヒューマニスティック心理学全体の最も大きな過ちであり、そのためにヒューマニスティック心理学はわれわれの文化のナルシシズムと化している。

④ロジャーズは文化を敵にまわしているが、文化は悪の源泉であると同時に善の源泉でもある。悪を文化のせいにするのは、ダイモニックなものを抑圧するからである。

⑤ロジャーズは、われわれがそれを選び取るか否かにかかわらず、新しい世界は必ずやってくると言うがなぜそう確信できるのか。このような楽観主義的かつ予定調和的な考えは、結局、スキナーの描く環境決定論的なユートピアと変わらないではないか。

こうしてメイはロジャーズに対する辛辣な批判を展開する。そこでメイは、心理療法においても文化の問題としても、悪を直視することの必要性を繰り返し訴えるのである。

一方ロジャーズは次のような反批判を行った（Rogers, 1982）。

②に関しては、自分個人にはかなり以前にそういう傾向があったが、統合失調症研究のグループに対するそのような批判には同意しがたい。③はまったくの誤解であり、自分の関与するグループにおいてナルシシズムは育たなかったし、グループは現実的かつ社会的な行動に向かっていった、と。そして、悪の衝動は生得的か後天的かという問題にメイが言及しなかったことに不満を表明し、人間であれ動物であれ悪なる本性というものは存在せず、成長促進的な条件さえ与えられれば必ず建設的行動に向かってゆくという自説を改めて説くのである。

しかし、人間の悪が生得的か後天的かは、いかにしても問い確かめることの不可能な、形而上的な問題である。個人的信念に属する問題である。公開書簡が交換された頃の晩年のロジャーズは、人種紛争や世界平和の問題に取り組む中で、文字どおり身を挺して、悪の問題に直面すべく行動していた。われわれから見るとロジャーズのそのような行動こそが魅力的なのであり、悪が生得的か否かは抽象的問題にすぎないように思える。しかし当のロジャーズにしてみれば、生得的な悪など存在しないという信念こそ、自らの行動を支えるものに他ならなかったのであろう。

三　ロジャーズの人間観を支えるもの

これまで見てきたような、人間本性への限り無い信頼を基調とした人間観をロジャーズはどこから得たのだろうか。

第一にあげるべきは、キリスト教の原罪説への反感ないし嫌悪感であろう。客観的に見れば、厳格なプロテスタントの家庭で育ち、いったんは牧師を目指した彼の思想と行動に、終生キリスト教の影が落ちていることは否定しがたい。それはたとえば、彼の治療理論が「純粋さ」や「無条件の肯定的配慮」といったキリスト教道徳的、実存倫理的なニュアンスの概念で構成されている点に見て取ることができる。あるいはまた、村瀬（一九九〇）のように、晩年に展開した世界平和運動を、「若かりし日に牧師たらんとした頃の気持ち」へ回帰したがゆえの「世界全体を救う仕事への転換」と見ることも可能であろう。しかし、少なくとも彼自身の主観においては、二〇歳の時、東洋旅行の最中に家族との訣別を決心して以来、キリスト教的人間観への拒絶感は強まるばかりであった。最後の仕事と言われる一九八六年一二月の「心理療法の発展会議」での講演に至るまで、彼は至るところで、自らの人間観と相いれないものとして、精神分析と共にキリスト教の原罪説を取り上げている。ブーバーやメイとの交流の中で、人間本性に悪は見出せない、の一点では決して譲らない彼の姿勢にも同じものを見て取ることができる。

ロジャーズの人間観はしばしばルソーに似ていると言われる。しかしロジャーズ自身、それを否定し、ルソーの著作に触れたのは、博士課程のフランス語の試験のために『エミール』の一部を読んだ時だけだと述懐している。

むしろ、ロジャーズの思想と行動の両面において大きな影響を与えたと考えられるのが、彼がキルパトリックを通じて学んだデューイ（John Dewey, 1859–1952）の思想であろう。デューイは生物学的な基盤に立って、人間を自然・社会的環境と相互作用する「生命体」と捉えた。また、経験は知識の一部にすぎないとみなすギリシア哲学以来の「経験」観を退け、両者の地位を逆転させて、（知識をその一部に含む）生物の活動全般にかかわる「経験」概念を自らの哲学の中核に据えた。さらに、静的な結果よりも成長や進歩の過程を重要視し、「経験の絶えざる改造」を意味する成長そのものが唯一の教育目的であるという考えを提示した。

このようなデューイ思想の簡単なスケッチからだけでも、ロジャーズの人間観や彼が用いる諸概念との間に直接的な影響関係を見て取ることができる。しかし、さらに広く、二〇世紀初頭のアメリカ精神史におけるデューイの次のような位置づけを踏まえるならば、ロジャーズとの影響関係の大きさはより容易に想像できる。

アメリカの原点である開拓者的な実験的生活態度は、植民時代以来、ピューリタニズムの理想主義・勤労主義に支えられて育成されてきた。アメリカのこの実験的な生活態度がいわば自らを自覚する形で誕生したのがプラグマティズムであり、さらにその直接的影響下に形成されたのがデューイ思想である。二〇世紀初頭のアメリカは、当然ながら既に産業社会に変貌を遂げており、地理的なフロンティアに代わって、思想や観念の変革に取り組むモラル・フロンティアが登場しつつある時代であった。こうした時代のアメリカにあって、科学的実験の方法は人間のあらゆる経験に適用されうると説いたデューイは、まさに格好の「思想的開拓の指導者」となったのである（佐藤、一九七六）。

少年時代のロジャーズは、プロテスタンティズムの支配する家庭で労働に打ち込み、父親の農業の手伝いを通して科学的実験の方法に馴染んだ。また開拓者の生活に憧れを抱き、彼らに関する書物を読みふけっていた。このように開拓者的な素地を少年時代に身につけたロジャーズが、その後農学から神学への転身を経て、さらに臨床心理学に移らんとするまさにその時に出会ったのがデューイ思想であった。宗教を捨て、人間関係の分野に進むことは決めたものの未だ明確な方向性を見出せないでいたロジャーズ。彼にとって、宗教を含む人間経験の全領域に科学的実験の方法を適用せよと説く「思想的開拓の指導者」デューイは、自らの進むべき方向を示してくれる存在に映ったに違いない。

そしてそのように考えるなら、心理療法という未開拓の分野に科学的実験の方法を導入して「開拓」し、さらにその成果を踏まえて教育、経営、国際平和などの分野に次々と足を踏み入れていったフロンティア・ロジャーズの生涯は、デューイ哲学をまさに地で行ったものと見えてくる。

四　トランスパーソナリストとしてのロジャーズ

最後に、ロジャーズの晩年の著書『一つの在り方』(Rogers, 1980) などから、これまであまり強調されてこなかったロジャーズの一面を紹介したい。それは、「トランスパーソナリストとしてのロジャーズ」の一面である。

このように書くと意外に思われるかもしれない。ロジャーズはふつう、晩年にトランスパーソナル心理学を基礎づけたマズローと違って、心理学第四勢力とは無縁な人物と思われているからである。

晩年のロジャーズは明らかに、トランスパーソナルを始めとするニュー・エイジ思想に接近していた。『一つの在り方』においてロジャーズは、感覚遮断実験における神秘体験の研究、スタニスラフ・グロフ（ケン・ウィルバーと並ぶトランスパーソナル学派の巨頭）のLSD服用による謎に満ちた内的体験に関する研究、カルロス・カスタネダによるネイティブ・アメリカンの魔術的世界の研究、イルカは人間の考えを読み取ることができるというジョン・リリイの研究などを積極的に引用して、トランスパーソナルを始めとするニュー・エイジ思想に対する大きな関心と共感を表明している。

ニュー・エイジに対するロジャーズの関心はいつ芽生え始めたのだろうか。

ロジャーズ自身の述懐によれば、彼が七〇歳を迎えた一九七〇年代前半頃からロジャーズの死に対する考えが変化し始め、臨死体験に関するキューブラ・ロスの研究や、「個人の意識は宇宙意識の一片にすぎず死後再び全宇宙に吸収されていく」というアーサー・ケストラーの考えなどに関心を持ち始めたという。また、一九七九年に妻ヘレンが別離の際にいくつかの神秘的な体験を重ねたことなどから、急激に関心を深めていったようである。ヘレンの死後間もない七八歳の時点で書かれた『一つの在り方』では、「私も多くの人々のように、神秘的、霊的次元の重要性を過小評価していた」との反省を表明している。さらに先述の諸研究を引き合いに出して、われわれが日常的に経験している常識的現実とは別の「もうひとつの現実」がありはしないか、心理学は勇気を持ってその可能性に挑みうるか、われわれは複数の真理が共存する社会や共同体を構成していけるか、と読者に問いを投げかけている。

また臨床家としてもこのような姿勢が、ハッキリと表明されている。ロジャーズは言う。

「私が自らのうちなる直観的な自己の最も近くにいる時、私が私の中の未知なるものに触れている時、私がクライエントとの関係において幾分か変性意識状態にある時、その時、私がするどんなことでも癒しに満ちているように思える。その時、ただ私がそこにいることがひとを解放し援助する。この経験を強めるために私ができることは何もない。けれども、私がリラックスして、私の超越的な核に近づくことができる時、私は奇妙なかつ衝動的な仕方で振る舞うことができる。合理的に正当化することのできない仕方、私の思考過程とはまったく関係ない仕方で。…（略）…その時、私のうちなる魂が外に届き、他者のうちなる魂に触れるように思えるのだ。私たちの関係は自らを越えて、より大きな何かの一部となる。深い成長と癒しとエネルギーとが、そこにある」(Rogers, 1980)。

例の「態度条件」説において、ロジャーズが「一致」ないし「純粋性」と表現していたセラピスト側の条件は、最晩年においては、クライアントとの関係の中でセラピスト自身が「変性意識状態」にあり、自らの「超越的な核」に触れていることとして再定式化されているのである。

七〇歳という年齢に達したロジャーズが、次第に霊的なものへの関心を強めていったのは自然なプロセスである。しかし、ロジャーズのトランスパーソナリズムへの接近を、老年期という人生ステージだけから理解するのは誤っている。

既に見たようにロジャーズの人間観の特色は、人間を含むあらゆる存在者を、等しく〈いのちの働き＝実現傾向〉を与えられ、それを生きかつ生かされているものとして捉える点にあった。このような人間理解が、トランスパーソナリズムや神秘主義と非常に近い位置にあることは説明を要しないであろう。ソーン（Thorne, B.）(1992) も言うように、晩年のロジャーズのトランスパーソナリズムへの接近は、「実現傾向に対する徹底的な信頼から生まれたもの」と解されるべきである。

また他にも、一九九〇年代に入ってからのロジャーズ研究には、霊性や宗教性の観点からロジャーズを再評価するものが多い（たとえばKalmthout, M. V. [1995] は、ロジャーズ理論を「神秘的普遍主義」の観点で捉えている）。そしてその大半が、ロジャーズの「実現傾向」概念に着目したものである。

常識や偏見に惑わされることなく、自らの直観を信じて新たな領域を生涯大胆に開拓し続けたロジャーズ。もし彼が数十年遅く生まれていたら、ニュー・エイジ運動の旗頭になっていたかもしれない。

第二章　ロジャーズの教育論を読む

一　『学習する自由』（主要著作集3巻、及び全集第22、23巻）

1　教えることと学ぶこと

ロジャーズはその著作活動の比較的初期から、教育に関して多くの論文を執筆してきた。その大半は自ら大学の授業で実践してきた「学生中心の教授」に関するものであり、われわれは『クライアント中心療法』の第9章（Rogers, 1951：主要著作集2巻第六章）に収められている授業記録により、初期の授業の実際を知ることができる。

このように教育には早くから関心を抱いていたロジャーズであったが、一九六〇年代に入るとイギリスのオープンスクールの紹介によって自由教育への関心が高まり、さらに人間性回復運動の影響が教育に及び始めたこともあって、教育界で発言を求められる機会も増えてきた。『学習する自由（Rogers, 1969）』はこうした要請に応えて書かれた。

ロジャーズの教育観が最も端的に表現されているのは、「教えることと学ぶことについての私見」（主要著作集3巻第十三章）であろう。きわめて短いこの章は、一九五二年四月、彼が心理療法の体験から得た知見を、授業の体験から得た知見と統合するために書かれたものである。この論文はその後、「行動に影響を及ぼす授業方法」という研究会で発表されたが、ロジャーズ自身の意図に反して、それは大きな反響と論争を呼び起こした。心理療法の分野で

「非常な論争好き」という烙印を押されていたロジャーズは、それが教育界にまで広がることを懸念して、この論文の公刊には消極的であったのだが研究会の参加メンバーの口コミで噂は広がっていったのである。

この論文は十数個の命題によって構成されている。重要な命題のいくつかを取り上げよう。

①他人に教えることができるものは重要ではない。人間の行動に影響を及ぼさない。

②行動に影響を与える学習は、自分で発見し自分で自分のものにした学習である。

③そのような仕方で学習された真理は、他人に直接伝えることのできないものである。

④教えることの結果は、重要でないか、有害でさえある。

⑤自分ひとりか、他の人間との関係において学習しうるものは多い。

⑥学習していく上で重要なのは、自分の経験が持つ意味に接近していくことである。

また、これらの命題を踏まえて、以下のような具体的な提案を行っている。

ⓐ教えることはやめた方がよい。学びたくなった時には、人は自ずと協同して学んでいく。

ⓑ試験はやめた方がよい。試験で測れる結果は重要なものではない。

ⓒ成績評価、単位、学位もやめた方がよい。

ⓓ結論の提示はやめた方がよい。結論から重要なことを学びとることはできない。

解説の必要がないほど、簡明で率直な見解である。

興味深いのは、③の命題（真理は他人に直接伝えることができない）の箇所で、ロジャーズがキルケゴールに言及していることである。キルケゴールは、真理は直接的な方法では伝わらないという認識に立ち、「間接伝達」と呼ばれる独特の仕方で、他者に実存の真理を伝達しようと努めた。具体的には、さまざまな仮名を駆使して、彼自身の宗教思想とは相いれない美的な文学作品を書き続けた。読者がその作品を読むことで、自らのうちに含む自己矛盾に自ずと気づき、真理を求めて歩み始めることを意図したのである。ロジャーズは本論文をメキシコ滞在中に執筆しているが、その大半の時間をキルケゴールの著作を読むことに費やしたという。そしてキルケゴールが自分と似た考えを持っていることを発見したことが、ロジャーズにとって「救い」になったという。ロジャーズの学生中心の教授法は、思想史的には、ソクラテス—キルケゴール—ヤスパースと続く、間接伝達論の系譜に位置するものなのである。

2　学習を促進する対人関係

重要なのは「教えること」ではなく「学ぶこと」であるという基本テーゼを提出したロジャーズは、次のように考えを進める。教育の目標は変化と学習の促進である。教育される唯一の人間は、学習の仕方を学習した人間、変化の仕方を学習した人間である。では、いかにすればこのような人間を育てうるか。その決め手は、教師の知識や技術の豊富さでもなければ教材の質でもない。重要な意義深い学習は、学習者とその促進者との人間関係に存在する態度的な特質に基づいて行われる（ロジャーズは「教師」という言葉はつかわず、「促進者（facilitator）」という言葉を好んで用いる）。つまりロジャーズは、「パーソナリティ変化の必要にして十分な条件」（Rogers, 1957：全集第4巻6章）で提示した心理療法の基本仮説——セラピストとクライアントの関係に一定の特質が見出される時、そこに自ずと治療的人格変化が生じる——を、教室における意義深い学習の条件として、そのまま適用するのである。

これが『学習する自由』の中心仮説である。第4章では、次の三点が「学習を促進する質」としてあげられている。

①学習の促進における真実さ　促進者が何の仮面も付けず、あるがままの姿で学習者と関係を持つこと。促進者が自らの感情を押しつけることなく、自分自身の感情として受け入れ、相手に伝えていくということ。

小学校教師シールは、六年生の図画の時間に子どもが図画の材料を自由に使えるようにした。すると部屋はぐちゃぐちゃに混乱し、いささか不愉快な気持ちになった。ある日、たまりかねたシール先生は、自分は生まれつききれい好きで、部屋が散らかるとイライラして気が狂いそうになると子どもたちに伝えた。すると子どもたちは、自発的に掃除できる者が何人かいるから大丈夫と答えた。シール先生が、同じ人がいつも掃除をするのは不公平だと伝えると、子どもたちは「あのね、その人たちは掃除をしたいからしてるんだよ」と答えたという。

ロジャーズはこの場面で、もしシール先生が「あなたたちは整理整頓なんてかまわないのね。まったくひどい子どもたちだわ」となじっていたら、まったく違ったことが起きただろうと予測する。この言い方では、シール先生は自分の気持ちをまったく語っておらず、それを子どもたちと共有しようとしていないからである。学習の促進者はまず自分の気持ちに気付き、それを他人のせいにしたりごまかしたりせずに学習者と分かち合うことが大切だ、とロジャーズは言う（この方法は、後にトマス・ゴードンの「親業」「教師業」において「わたくしメッセージ」として技法化された）。

②大切にすること、受容・信頼　学習者を独自の感情と要求を持つ一人の人間として尊重し、配慮し、受け入れる雰囲気を学級でつくりあげること。

③共感的理解　評価的にでなく、学習者の反応をその内面から理解していくこと。

遊戯療法で有名なバージニア・アクスラインが子どもを扱う場面が例にあげられている。校長にぶたれた少年が、休み時間に校長をモデルにした粘土の人形をつくっている。アクスラインが声をかけると、少年は人形の頭をめちゃくちゃにしてしまう。アクスライン「あなたはときどき、校長先生の頭をねじりたいような気持ちになるんでしょうね。あなたはとても腹を立てているのね」。すると少年は人形の腕を取り、ぺちゃんこにしてしまった。アクスライン「あなたはとてもすっきりしたでしょうね」。少年はにやりと笑い、再び校長の人形を作り始めたという。

3　教育組織の変革への挑戦

ロジャーズの教育理論の骨子は、教師‐生徒関係の質的変革である。「知識の伝達者」から「自発的協同的な学習の促進者」へ、という教師の役割の変革である。しかし「人間関係の質的変革」というこの論理を徹底的に押し進めるならば、それは教室内での変革にとどまらない。教室での実践を支えている教育組織そのものの変革が求められてくる。ロジャーズの教育理論の真骨頂は、教育組織そのものの変革に具体的なプランをもって取り組んだ点にある。「ひとつの教育組織における自己指示的な変革のための一計画」（全集第23巻15章）では、次のようなプランが提示されている。

①計画の対象となる教育組織の選定。管理職の長や評議員などが自らすすんでエンカウンターグループに参加したいという意思をもっていることが必要。

②管理職を対象とする一週間のエンカウンターグループ。管理職の人々が、官僚的な規則に固執しなくなり、また他の人の意見に耳を傾けるようになって、新しい考えを受け入れることに脅威を感じなくなってくる。

③教師対象の四日間－一週間のエンカウンターグループ。教師は生徒の声に耳を傾け、挑戦的でやっかいな考えをも受け入れるようになり、生徒の問題を懲戒処分などで片づけず、いっしょに取り組んでいくようになる。

④学級の生徒対象のエンカウンターグループ。五日間の授業時間を使う。生徒は自分の気持ちをもっと表現するようになり、自らの興味にしたがって自由に学習してゆくようになる。

⑤PTA役員や生徒の親たちを対象とする週末エンカウンターグループ。

⑥管理職、教師、親、生徒（優等生と劣等生の両方を含む）による「縦割り」のエンカウンターグループ。教育組織の雰囲気のラディカルな変化が期待される。

⑦変化を持続的なものにするため、グループ参加者のうち有能な人にファシリテーター・トレーニング参加の機会を与える。外部のスタッフは徐々に身を引いてゆく。

ロジャーズはこのプランを実現させようと財政的援助を求めたが、合衆国教育局を含む二つの政府機関と二つの財団から、非現実的で遠大すぎるという理由で拒否された。しかしその後、いくつかの財団から基金が与えられ、ついにロスアンゼルスのイマキュレート・ハート学校区を対象にこのプランの実現に着手し始めた。『学習する自由』は、このプランの開始後、二－三カ月の様子の報告をもって閉じられている。

二　『学習する自由　八〇年代のために』（『新・創造への教育』1〜3巻）

『学習する自由　八〇年代のために（Rogers, 1983）』は『学習する自由』（全集第22、23巻）の全面改訂版である。なぜ、全面改訂が必要となったのか。

1　実証研究の成果

ロジャーズは言う。『学習する自由』執筆の時点では、自らの教育理論を立証するデータは皆無に等しかった。しかしその後アスピー（David Aspy）らが中心になって大規模な研究の成果が蓄積され、膨大な資料が入手された。「人間中心の方向をもつ教師は、教室における自分の姿勢を支えてくれる諸事実を初めて手にすることができたのです。デービッド・アスピーが言っているように、『教室において人間的であることには必ず良い結果が伴う』のです」（『新・創造への教育』1巻、四頁）。つまり実証研究の成果を入手しえたことが、ロジャーズが全面改訂に踏み切った最も大きな理由なのである。

アスピーとローバック（Flora Roebuck）が中心となって行った「NCHE（The National Consortium for Humanizing Education：教育の人間化のための全国協会）」の研究成果を紹介しよう（『新・創造への教育』2巻12章）。

NCHEでは、日常の教育実践に人間中心の原理を応用することを目的に、一七年間にわたり四二の州と七つの外国において調査研究を行った。共感、一致、肯定的配慮というロジャーズの促進条件と、自己や他者に対する態度、規律、健康、出席率、知能指数の変化といった因子の関係の検討を主眼としたこの調査研究は、あらゆる学校段階にわたり、全体で二千人以上の教師と二万人以上の生徒を対象にした。この研究の主たる方法は、学級での出来事をテープに録音し、それを五段階評定するというものである。得られたデータは、研究に参加する教師にフィードバックされる。教師はそれに基づいて授業における自分の目標（例：発問の改善、生徒の感情の理解など）を設定し、それを達成するための体系的なトレーニングを受ける。

研究成果を、項目別に概観する。

(1)促進的条件と生徒の変化（『新・創造への教育』2巻、一四一頁）

六百人の教師と一万人の生徒（幼稚園から第12学年まで）を対象にしたある研究では、高水準に促進的な教師の生徒は低水準の教師の生徒に比べて、次のような傾向を示した。①欠席率の低下。②自己概念尺度の得点の向上。③学力検査の得点の上昇。④規律上の問題の減少。⑤破壊行為の減少。⑥知能指数の向上。⑦創造性得点の向上。⑧より自発的で水準の高い思考。また、いわゆる学業不振の生徒についても、促進的な教師のもとでは、欠席や自己概念や知能指数、学力検査などの点で改善がみられた。

(2)教師の対人技能（『新・創造への教育』2巻、一五二頁）

共感性の高い教師は、①生徒の感情に多く反応する、②生徒の考えを取り入れることが多い、③ディスカッションが多い、④ほめることが多い、⑤形式ばらない話が多い、⑥生徒の照合枠にあわせて授業内容を調整する、⑦生徒たちと微笑を交わす、といった行動を多く示す傾向がある。またこうした教師の活動は、①学習目標を生徒と協力して決める、②教室に展示物などが多く、人が住んでいる感じがする、③学習順序の配列が柔軟に変更される、④生産性や創造性が重視され、成績評価やテストは重視されない、といった特徴がある。さらに、生徒とのアイ・コンタクトを学校の人間化の目標にしたところ、出席率が高くなったことが報告されている。

(3)教師の対人技能の訓練（『新・創造への教育』2巻、一五四頁）

NCHEが三年にわたって行った教職員の対人技能の訓練の結果、次のことが明らかになった。①教師、校長、カウンセラーの促進条件を、訓練によって引き上げることが可能である。②小学校の教師より中学校の教師の方がより長期的で強力な訓練を必要とした。③学習場面に応用する訓練がなされたり、定期的なフィードバックが与えられた時、教師はより効果的に学習する。④訓練への参加に報酬が与えられた時、教師の技能の進歩も進み、教室でより頻繁に実践された。⑤校長がこの訓練を受けた場合、教師の転職率や欠勤率が減少した。⑥教師の共感の水準により、生徒の自己概念、学力検査得点、出席率等の向上が予測できる。

以上がアスピーらの研究成果の要約である。

他にも西ドイツ（当時）のタウシュ（Tausch, R.）夫妻の研究が紹介されている（一六二頁）。①二六名の教師が二日半のエンカウンターグループに参加したところ、授業中に生徒の感情を理解し、生徒の自己決定を促進するようになった、②ハオプト・シューレで上級生をトレーニングして最年少の生徒グループのファシリテーターをやらせたところ、非常に肯定的な結果が得られた、などの結果が報告されている。ロジャーズ自身の考えは、対人技能の訓練を主とするアスピーらの研究より、エンカウンターグループへの参加によるタウシュ夫妻の研究に近いようである。

2　教育組織の変革の挫折（『新・創造への教育』3巻13章）

本書第13章には、「人間中心の教育」の実現可能性にかかわるきわめて厳しい現実も報告されている。さまざまな教育組織において着手された組織変革のプランが次々と挫折していったあり様が報告されているのである。

(1) イマキュレート・ハート学校区の場合（『新・創造への教育』3巻、一六頁）

前節で要約した組織変革プランに則り、ロジャーズは人間研究センターのスタッフ二〇人と共に、三カ月間、エンカウンターグループを次々と実施していった。大学の管理者と教授四五人、中・高校の管理者と教師三六人、中・高校の生徒のリーダー四〇人、そして二二の小学校における教師、校長、行政スタッフ一八〇人が一月おきの週末エンカウンターグループに参加した。ある教師は生徒の声に耳を傾けるようになり、またある大学教授は試験や成績評価を廃止した。期待されたとおりの反応が見られた。教育の人間化に成功したと思われたのである。

しかし、次の衝撃的な事件によってこの計画は頓挫する。変革プランを支持していた修道女たちが自分たちの規則は自分たちで作ることを主張したところ、枢機卿と衝突。ロサンゼルスの教区学校の教師をしているすべての修道女が解雇されてしまった。この事件の影響で寄付金を失った大学と付属高校は、結局閉鎖に追い込まれてしまう。

⑵ケンタッキー州ルイヴィル市中心部の学校区の場合（『新・創造への教育』3巻、三頁）

一九六九年、貧困と失業に喘ぐこの地区の学校は荒廃し「恐るべき学校」と化していた。新教育長に採用されたニューマン・ウォーカーは、ロジャーズと親密な関係を保ちながら、この学校区の変革に着手した。まずウォーカー自身を含む教育委員会の全職員、校長、教師、事務職員に及ぶ千六百人の職員を一週間の対人関係ワークショップに参加させた。次に、いくつかの学校でオープン・スペースの教室、チーム・ティーチングなど、革新的な試みが次々と実施された。批判の声が相次いだが、計画を練り直し粘り強く実施したところ、ゲットーの学校区は様相を一変し始めた。アチーブメントテストの成績も低落を止め、連邦政府から多額の援助を得ることができた。ウォーカーはこの革新に参加したいと望む教師だけで計画を実施したいと考え、この学校区の教師の雇用計画をすべて破棄し、希望者の中から教師を選抜した。また、教師、インターン教師、父兄から構成される学校運営委員会が文字どおりの意思決定機関となり、父兄の声が直接、教師の選抜や評価、カリキュラム選択などに反映されるようになった。つまりこの教育革新は確実に成功を収めつつあった。

しかし、黒人中心のこの学校区を白人中心の郊外の学校区と合併するという裁判所の命令により、この革新は終止符を打つ。人種差別をなくす目的で、学校における白人生徒と黒人生徒の比率が定められ、それぞれの居住地区からスクールバスでの輸送が実施されたところ、これに反対する暴動が起こったのである。郊外部の教育長が新教育長になる予定であったが、暴動を恐れて辞職した。保守的な郊外居住者の憎悪の的になっていたウォーカーも別の市の教育長に転じることを余儀無くされた。ウォーカーが憎悪を浴びた理由として、①ウォーカーらのグループは政府の資金援助の獲得に成功したが郡部の方には援助がなかったこと、②黒人の教師や行政官を学校区に入れたこと、③学歴のない黒人の親たちに学校運営への参加を認めていたこと、などがあげられている。

こうして二つの変革の試みは、いずれも学園や学校区の内部では成功を収めつつあったが、その変革に脅威を感じた外部からの打撃によって、結局失敗に追い込まれている。これらの失敗事例は、今後われわれが根本的な教育改革に取り組む際に直面するであろう大きな困難について、重要な示唆を与えてくれている。

3　ロジャーズ教育理論の評価

ロジャーズの教育理論には、次の二方向への展開可能性が内包されている。

「一つは実験的集団で実現された個人の変革、人間関係の変革を現実社会でも維持発展させるべく、社会の枠組みの方を変革しようとする方向である。極度の抵抗に出会うこの方向は、……ロジャーズ自身も指導したアメリカの高校、大学の共同管理体制を目指した民主化運動のような形を取り得る。……しかし……こうした社会の枠組みの変革は、……一時期に部分的な成功を見ただけであり、数年と持続することはなかったのである。もう一つの方向は、自己関係と他者関係における変革は人為的に利害対立を免れた特殊な空間でのみ持続可能であると割り切り……特殊な社会装置として存続させていく形である。明らかにカウンセリングもエンカウンターグループもこうした特殊化に甘んじることによって、その一般化を諦めることによって安定した社会的承認を得ているのである」(岡田、一九九三)。

的確な指摘である。ここで指摘される二方向のうち前者に属するのが、イマキュレート・ハート学園その他で実行された「教育組織そのものの変革」である。一方、後者に属するのが、心理療法の「態度条件」説を教室場面に適用したアスピーらの実証研究である。われわれが学ぶべきは、明らかに前者からであろう。

もともと、ロジャーズの「態度条件」説は、社会的文脈から切り離された実験室的な性格の強いものである。この「態度条件」説が教室場面にそのまま適用されると、日常的な空間であるはずの教室が「人為的な特殊な空間」として捉えられ、同時に教室を支える教育組織や制度の抱える問題が不問に付されてしまう。このような「閉じられた人間中心の教育」が、いわゆる「ソフトな管理主義」と紙一重であることは疑いの余地がない。

われわれが現在直面している、いじめ、不登校、学業不振といった教育問題が、個々の教師の力量の向上のみで解決されうるものでないことは明らかである。社会の新しい状況に適合する方向へ、教育の組織や制度のあり方そのものを問い直してゆく必要がある。われわれが今後、市民的な民主性をベースとした新たな教育組織の在り方を探ってゆく上で、ロジャーズの提示した教育組織変革のプランやその失敗例は、多くの示唆を与えてくれるだろう。

第三章　ロジャーズの結婚論を読む――『パートナーになるということ』

一　本書の性格

『パートナーになるということ――結婚とそれに代わる選択』（Rogers, 1972：村山訳）は、ロジャーズが結婚の問題に焦点を置いて執筆した異色の一冊である。この本でロジャーズは、新しいタイプの結婚や、結婚に代わる新たな形をつくりあげようともがいている数組の夫婦のインタビュー記録を克明にリポートすると共に、これからの時代における結婚のあり方について、自らの考えを実にストレートに語っている。彼にとっては結婚も、「静かなる革命」が起こるべき領域の一つに他ならない。それゆえこの本は、若者たちへ送られたメッセージであると共に、「結婚」や「性」という場面においていかなる「革命」が現に起こりつつありまた起こるべきなのか、ロジャーズの考える「革命」の内容がリアルに読み取れる内容になっている。

二　ロイとシルビアにみる「衛星関係」

ロジャーズは、夫婦が配偶者以外の異性と親密な関係を結ぶことにより、各々の成長が可能となり、それがひいては夫婦関係そのものの充実にもつながると言う。そして従来は「愛人」「不倫」といった言葉で否定的に捉えられていた婚外関係に「衛星関係（Satellite Relationship）」というユニークな名称を与えて、肯定的に捉え直している。

ロイとシルビアは三十代前半の若い夫婦。夫のロイは若い人妻のエミリィに惚れ込んでいた。妻のシルビアは混乱したが、激しい嫉妬や離婚話にはならず、お互いに自由に気持ちを話し合うことができた。ロイ、シルビア、エミリィの三人で話し合いを持ち、ロイのエミリィに対する感情は双方の結婚を破滅には導かないこと、男性であれ女性であれ、時には一人の人だけでなく、他の人を愛することも自然のこととしてありうることを確認しあった。

その後二人は大都市に転居し、子どもは学校に通い始めた。それに伴いシルビアは自分の新しい生き方を模索し始めた。シルビアは自分が何をしたくなってきたかを話し、ロイもまた他の女性のことを含めて、自分の感情を率直にシルビアに語った。二人は言葉を惜しまず、お互いのことを話しあいながら多くの時間を過ごした。

そんなある時、二人の関係に新たな難問が突きつけられた。今度は妻のシルビアがロイ以外の男性と性交渉を持ちたいと感じ始めたのである。二人は結婚して十年になるが、シルビアはまだ一度もオルガスムスを体験したことがなかった。シルビアは不安を感じながらも思い切って、自分の気持ちをロイに打ち明けた。「あなたとは今まで一度もこういう気持ちになれなかったの。私はいつも性的不満を感じていたわ。このままだったら私たちの結婚は破滅してしまうでしょう」。ロイは傷つき、自信を喪失したが、結局恐れながらも、シルビアに新しい生活を許した。その時の気持ちをロイは次のように振り返る。「僕にとって……どうしても難しかったことは、シルビアの男友達と肩を並べることでした。いつも彼らと自分を比べ、彼女を失いはしないかという不安にかられていました。肉体的に目覚めさせられた彼女をみたり、他人によって肯定された彼女をみると、僕は自分に彼女の性を満足させる力が足りないのを痛感しました。僕は脅え、傷つきました」。

この危機を救ったのは、ロイもシルビアも二人の子どもを愛しており、一緒に生活することを望んでいたことだった。このことに気づいたシルビアは、夫ロイとの性生活の充実に努め始めるようになる。シルビアは、自分はなぜ他の男性ではなくロイとのセックスに努めなければならないのか、それは義務心からではないか、と疑問を抱く。しかし次第に自分がロイとの生活を望み、それを選択したのだという考えを受け入れていく。一方ロイも「僕が彼女のすべてでなければならない」という気持ちから自由になり、また、二人が強く結び付いていさえすれば「僕らはお互い恐れることなく他人とセックスをもてるところまで成長するだろう」という確信さえ持てるようになっていった。

こうして、シルビアが他の男性と性交渉を持つことによって夫婦に訪れた危機は、逆説的に、性生活を中心とした夫婦の絆を強めるという幸福な結果をもたらすことになる。それまでは主に言葉による会話でつながっていた二人は、言葉を介さない性的なふれあいを十分に楽しめるようになった。また二人は、子ども達と一緒ではなく、テニス、キャンプ、仕事後のデート、ポルノ映画鑑賞など、二人だけで過ごす時間を大切にするようになった。

ロイとシルビアの手記を読んでロジャーズは、アメリカ開拓民の物語を読んだ時のような感激を覚えたという。「開拓民が未知の領域の開拓に精魂をこめて邁進するように、彼ら二人は現代の結婚の前方にある未知の国を探索している。……二人は『結婚はこうあるべきだ』という多くの慣習的な規範を破っている。お互いがほんとうに委ね合って、新しい形の、永続的な男と女の関係を創造しようとしている」。ロジャーズは、ロイとシルビアが歩んできた夫婦生活の過程に、「結婚革命」の軌跡と新しい形の人間関係の出現とを見て取るのである。

三　豊かな結婚生活とは

ロジャーズの考える豊かな結婚生活とはいかなるものか。その結論（第8章）は次の三点に要約できる。

(1)結婚は固く動かない建物ではなく、流れる川である。

「あなたのために私のすべてを捧げます」「私たちは死が二人を分かつまで、お互いの誓いを守ります」。ロジャーズは、このような献身や誓約が結婚を永続的にするという考えに疑いを挟む。そしてそれに代わって、パートナーシップとは契約ではなく継続するプロセスであり、二人の関係のプロセスに深くかかわってゆくことが真の意味での献身だと言うのである。それぞれが個人として頑張る、というのではない。二人の関係が持つ変化の過程こそがお互いの愛や生活を豊かにしているという認識。それが彼の言うパートナーシップである。

(2)肯定的であろうと否定的であろうと、自分の中の最も深い感情を相手と分かちあう。

役割期待に沿って生きることとは、プロセスの中で動いてゆくこととは異なる。両親や文化の期待に盲目的に従うことは、パートナーシップの発展を妨害する。逆に、自分の身体に耳を傾け、「正しいと感じる」方向に動くことができるようになると、役割期待から導かれる単純な生活からは離れてゆき、複雑にからみあった豊かなパートナーシップの方向に動いていく。こうした建設的なプロセスのために必要となるのが、たとえ否定的な感情や相手を傷つけるおそれのある感情であっても——たとえば、相手とのセックスに満足できない、といったものであっても——自分の中の奥深い感情をパートナーと分かちあっていくことである。

(3)相互に独立した二人の人間が自分自身を発見し、それを認め合い分かち合う。

豊かなパートナーシップは、お互いの独立性を認めあい、尊重しあうところに成立する。それぞれが自分の道を行く独立した自己として成長し、その成長を認めあい分かちあうことができる時、結婚生活そのものも成長する。しばしば、性生活の満足が成功する結婚生活の必要条件だと言われることがある。しかしロジャーズによれば、お互いを制約しない豊かなパートナーシップが実現すれば、性生活も自ずと発展していくのである。

第四章　ロジャーズの社会思想を読む

一　『パーソナルな力について』

1　なぜ書かれたか――ロジャーズの政治哲学――

『パーソナルな力について――個人のうちに潜む強さとその革命的なインパクト』（Rogers, 1977）は、ロジャーズが自らのすべての仕事の意義を「政治」という観点で捉え直した本である。そのきっかけは、ある大学院生が語った次の言葉にあるという。「私はクライアントを変化させ操作する技法を三年間学んできました。しかしあなたは、権力はセラピストにでなく、クライアントの生命体にあるという。あなたは私が学んできた権力と統制の関係を逆転させてしまった」。この出来事をきっかけにロジャーズは、自分はその職業生活を通じて政治を実践してきたのだが、それを十分に認識していなかったことを自覚し始めたという。

「政治」という概念の獲得によりロジャーズは、自らのライフワークを新たな観点で捉え直し始めた。ロジャーズは、自らのアプローチについて科学的見地から観察することに関心を抱き続けてきたが、その政治的な意味については深く考えてこなかった。しかしその革命的な性質に気づいた今、「人々の間の権力と統制の関係についての考えの転換」という観点から自分の仕事全体の意味を再評価する必要に迫られた。こうして書かれたのが本書である。

なお、本書に先立ってロジャーズを政治的人物として評価した論文にリチャード・ファーソン（Farson, R.）の「静かな革命家カール・ロジャーズ」（Farson, 1974）がある。そこでは、産業、教育、医療、宗教、福祉といった多くの領域で権威への盲目的従順を打破し、「参加」という方向での変革の基礎づくりをした「現代の重要な社会革命家の一人」としてロジャーズが描かれている。

2　クライアント中心療法の政治

「政治」という観点の下でクライアント中心療法はどのように捉え直されるであろうか。「クライアント中心のアプローチの政治とは、クライアントをコントロールしたり、クライアントに代わって意思決定してやることを、すべて意識的に放棄し回避することである。これはクライアントによる自己所有の促進であり、その達成を可能にする諸方策を意味している。意思決定の主体が誰であり、その決定に対する責任を誰が担うのかを明確にしているのである。そこでは政治的にクライアントが中心とされている」（Rogers, 1977）。このアプローチにおいて従来のセラピスト－クライアント関係は根本的に転換された。セラピストは変化を作り出す主体ではなく、単なる「産婆役」となった。クライアントがどのような人生を選択すべきか、セラピストの応答が正しいか否か、決定や評価の最終的権威はクライアントに置かれたのである。

ロジャーズはまた、心理療法における政治を大きく変化させた事件として、面接の録音と逐語記録の公開をあげている。ロジャーズ以前の心理療法は、密室の中で行われる秘密の行為であった。しかし、ロジャーズが当時開発されたばかりの録音装置を面接室に設置し、『カウンセリングと心理療法』（Rogers, 1942：主要著作集1巻）において、面接の逐語記録を公開したことにより、心理療法の脱神秘化は一挙に押し進められた。これ以来、心理療法の公開性への動きが高まり、クライアントは自分に合う流派を選択できるようになった。密室の中で守られていたセラピストの権威や絶対性は譲り渡され、クライアントに多くの決定権が与えられた。

先述のファーソンも、ロジャーズの最大の貢献は治療技術の提供にでなく、人々がもっと自己決定できる人間関係の新しい型を作り出したことにある、と評価している。そして、気が短い昨今の臨床家たちはロジャーズのようなのろいアプローチには満足しないだろうが、近い将来ロジャーズ心理学に対する関心が劇的に復活するはずだ。なぜならロジャーズのアプローチは、われわれに人間としての尊厳を与えるやり方だからであり、相手にとって何がよいかを知っていると思い込んでいるセラピストからクライアントを最もよく保護するものだからだ、と言う（Farson, 1974）。「クライアント中心」とは元来、単なる心理療法の一流派ではない。あらゆる心理療法において尊重されるべき「自己決定の尊重」という社会的政治的な理念なのである。

3　パーソンセンタード・ワークショップ

ロジャーズは、一九六八年に二五名のスタッフを引き連れて人間研究センター（Center for Studies of the Person）を設立した。ここでロジャーズは数十名から百数十名という大規模な集団によるエンカウンターグループすなわちパーソンセンタード・ワークショップに取り組み始めた。これは、さまざまな国から集まった主義、思想、人種、慣習などの異なる人々が、お互いの違いを認め、その独自性を尊重しながらも理解しあい、共に生活する一つのコミュニティの形成を目指したものである。

第8章「パーソンセンタード・ワークショップの計画と実践」には、一三六名のメンバーによる一六日間の集中的ワークショップの様子が描かれている。

いくつかのエピソードを取り上げよう。ロジャーズが案内書を作成して別のスタッフに送ったところ、熾烈な反応が返され、三度目の書き直しでようやくOKが出た。参加費を個人的状況に応じて自分で決めてもらったところ、必要額に達しない。そこで応募者に経済状況を説明して二〇パーセントの増額を要請するとほとんどの人は了承し、無理な人は手紙や電話で理由を知らせてきた。スタッフは開始後三日半の簡単なスケジュールだけを決め、全体の内容や計画は参加者自身が決めた。小グループが動かないことにロジャーズが焦りと責任を感じてそれを率直に打ち明けると、メンバーの自己表現が促進された。ある日のコミュニティ・ミーティングで、スケジュールに縛られることへの疑問が出され、今後の計画を一切立てないまま終わった。次にいつ集まるのかもわからずワークショップの続行が危ぶまれたが、ロジャーズが部屋に戻ると既に百人のメンバーが集まっていた。

ワークショップのイメージがつかめただろうか。ワークショップをどう展開するかの決定は、終始、参加者の手に委ねられた。「決定権」は個人が握り、個々人の意思決定からコミュニティ全体での意思決定が自ずと生まれている。その結果コミュニティは、個々人が相互に密接につながった一つの生命体のような動きを見せている。さらにワークショップ解散後もここで生まれた動きは、あたかも発酵菌か触媒のように、家族・教育・産業・精神保健などの分野で影響を及ぼしていった。

ＰＣＡ（パーソンセンタード・アプローチ）は、革命を直接の目的とした社会運動のスローガンではない。それは、ワークショップに参加した一人ひとりの人間が、それぞれの場で個人がより大きな決定権を持つ方向へと改革運動を起こしていき、それが自然発生的かつ連鎖反応的に拡がっていくことを期待するものである。

さて、ワークショップでロジャーズ自身はどう振る舞っていたか。都留（一九七七）によれば「全体会では、ロジャーズはほとんど発言しない。発言した場合でも……その時その場で湧いた自分の思いを、早口の小さな声でつぶやく程度であって、全体を指導するリーダーらしいそぶりは全くといっていい程見られな」かったそうである。都留はこれをＰＣＡという「人間村」の村長になることは拒否しながら、「村の長老」としての地位はあえて引き受ける心構えと形容している。言いえて妙である。

4　抑圧された人間——国民健康会議の試み——

ロジャーズのＰＣＡに対してかつて、次のような批判が浴びせられていた。ＰＣＡのような「穏やかな」アプローチは、裕福な中産階級にとっては意味があるが、黒人、メキシコ人、プエルトリコ人、女性といった抑圧される側の問題を解決するにはあまりに弱々しすぎる。これらの集団にとって必要なものは、平等な賃金、市民権、教育の機会であり、これを獲得するには抑圧する側から権力を奪い取る必要があるのだ、と。

本書第6章はこの批判に応えるために書かれた。その中心をなすのは、国民健康会議による勇気ある実践の報告である。米国医師会、米国歯科医師会、看護婦協会、健康保険会社など「健康供給者」の代表者によって構成されるこの会議は、ある年の定例会議に都市の貧民街や過疎地の恵まれない町から「健康消費者」の代表を招くことを決定した。彼らの多くは黒人で、メキシコ系アメリカ人も含まれていた。

開始早々、会議は分裂の危機に直面した。この会議は形式的な演出にすぎないと感じた「消費者」側が退場しようとしたのである。ファシリテーターの介入によってその場は収まり、二〇〜二五人の小グループに分かれたが、「消費者」側の怒り、医療サービスの欠如への不満、貧困の苦しさが一挙に爆発。「供給者」側は恐怖を覚え始めた。海兵隊で殺人の訓練を受けた黒人男性は、必要ならその訓練を活かして攻撃するぞと脅した。正規の教育を受けたことのない黒人女性は、グループの全員に強い懐疑心を抱き、貧困と偏見による長い個人的な苦しみを語った。

セッションが進むにつれ、新たな展開が生まれた。専門家たちは自分たちが「消費者」側にどのように映っているかを理解しようと努め始めた。逆に貧民街の人々は、保険会社の重役も単なる悪者ではなく、理解しあえる人間だと感じ始めた。ファシリテーターは、一人ひとりの人間が尊重され、自分の感情をさえぎられることなく表現できる雰囲気をつくりあげた。その中でまず、黒人と白人の葛藤や、専門家と消費者の間の葛藤が一挙に吹き出し、その後で少しずつ対人的コミュニケーションが深められていった。

その後の消費者側の行動は目を見張るばかりのものであった。消費者たちは迅速に連合して決議案を文書化。それをグループに配付して討論した。消費者側の代表が、残りのプログラムを中止して決議案に関する討議と投票を行うよう動議を提出した。動議は大多数の支持を得て可決され、予定されていた講演は中止。会議は、消費者側、供給者側双方が肯定的な感情を抱いて終了した上、翌年、決議事項の多くが実行に移されたという。

こうした経験を踏まえてロジャーズは次のように言う。対立する集団の中にあってファシリテーターが両集団を平等に扱い、各メンバーを一個人として尊重し、その感情や態度を理解しようと努めるなら、双方の集団はお互いに耳を傾け始める。そして憎しみや叫びをも含めた自分のあらゆる感情に耳を傾けてもらっていると感じる時、個人は自分の感情をより客観的に見つめるようになる。その結果、理性的でない行動は減少していくはずだ、と。

5　異文化間、人種間、国際間の緊張解決への取り組み

第7章では、ＰＣＡが取り組みうる最大の問題——文化、宗教、イデオロギー、人種、国家などをめぐる諸問題にＰＣＡはどう取り組みうるかが論じられている。ロジャーズによれば大きな社会変革は、先行する長く静かな懐胎期、実験期、モデル構築期の後で、大衆が突如として問題の緊急性を自覚し、解決策を本気で求め始めた時に可能になる。ＰＣＡは現在、実験期ないしモデル構築期にあり、近い未来に発見されるための試行錯誤を展開中なのだとロジャーズは考えている。

ロジャーズによればさまざまな緊張場面において、最も必要となるのは、自分たちが正しいと信じているのと同様に、相手もまた自分たちは正しいと信じていることを認めること、そしてその事実を受け入れることである。ここでＰＣＡは効力を発揮する。

ＰＣＡが緊張緩和に成功した幾つかの事例の中で、最も大きな緊張を抱えていたのが、以下に紹介する北アイルランド、ベルファストのグループ（一九七三年）である。イギリス人男性一人（退役陸軍大佐）を含む五人のプロテスタント信者と四人のカトリック信者からなるそのグループは、数代にわたる経済的宗教的文化的憎悪を孕んでいた。

初期のセッションではベルファストの日常生活のひどさ、恐怖が表現された。姉妹がテロリストの爆弾で粉々にされたメンバーもいれば、街頭での撃ち合いの銃弾が家の中に飛んできたというメンバーもいた。憎悪と恐怖の凄まじ

さに、変化など期待できないように思われた。しかし、プロテスタントのデニスとカトリックのベッキーが夕食時に十分ほど話をし、個人的な印象を交換して友情を感じ始めたのをきっかけに、両グループの緊張は緩和され始める。当初隠蔽されがちであった両グループの憎悪や不信は、促進的な雰囲気に助けられてオープンに表現されるようになっていった。グループはたった一六時間のものであったが、この短時間のうちに何世紀にも及ぶ根深い憎悪が和らげられて、過去からの障壁が洗い流されていった。

グループ解散後も、ほとんど全員が危険を冒して集まり続けた。自発的にチームをつくって、プロテスタント、カトリック双方の教会で記録映画を上映し討論会を行った。最終的に数千人が参加したが、ベルファストの殺害を止めることはできなかった。それが可能になるのは、問題が深刻化して大衆が決意し、エンカウンターグループが街々のレベルで行われるようになった時だ、とロジャーズは考えている。

人種問題への取り組みとしては、一九八二年晩夏に南アフリカ共和国で行われた、一一名の黒人および白人の男女からなるエンカウンターグループをあげることができる。ヨハネスバーグの大講堂で開かれた週末ワークショップには南アフリカのあらゆる地域から六百人が参加した。

人種問題へのアプローチの中でロジャーズは、少数者集団のメンバーが最初、白人に対して凄まじい憤りと罵りを浴びせかけるのを目の当たりにしている。こうした場合、白人は自分が中傷されていると感じ、「あなたの気持ちはわかりますが、私個人はあなたを抑圧したことはありません。あなたを抑圧したのは白人社会です」といった態度をとりがちである。しかし、白人がこのような留保をつけず、自分が白人であることを正面から認めた上で少数者集団の憤慨に心から耳を傾ける時、その憤慨は消滅し、奇跡的な変化が起こっていく。先のベルファストのグループのように、対立する集団がほぼ同程度の力を持っている場合には、関係の変化にはどちらからでも取り組むことができる。しかし、黒人対白人の対立のように、いずれか一方がより大きな力を持っている場合には、最初のステップは、力を持っている側（この場合、白人の側）から進めていく必要があるとロジャーズは考えている。

本章ではさらに、文化、宗教、人種、国籍の境界を超えて多種多様なメンバーが集まったインターナショナル・エンカウンターの試みも報告されている。それを実施する中でロジャーズに最も興味深かったのは、通常のエンカウンターグループとそれほど変わらなかったことである。メンバーは文化的問題をそれほど語りたがらない。むしろ、家族や自分のことなど、通常のエンカウンターグループで出される問題がそこでも話題にされていた。人間そのものに焦点が当てられるところでは、国、文化、人種などの相違は、さして重要ではなくなるのである。

二　「ルスト・ワークショップ」

一九八七年二月四日に八五歳で亡くなる直前まで、ロジャーズは、絶えず新たな課題に精力的にチャレンジし続けた。その活動の基本方向は、ＰＣＡによる人間コミュニティの創造であり、文化間、人種間、国際間の緊張緩和への取り組みであった。核戦争の脅威をつくりだしているのは、核兵器そのものではなく、国際間、人種間の反目や憎悪や敵意であるという見地から、核戦争に関して、積極的な提言を行ってもいる（Rogers, 1982）。

このようなロジャーズの晩年の活動のいわば頂点に位置するのが、一九八五年一一月オーストリアのルストにおいて四日間にわたって開催されたルスト・ワークショップである（Rogers, 1986）。中央アメリカ諸国の緊張緩和を目的としたこのワークショップには、三人の前大統領、コスタリカの副首相を含む政策立案者、政府高官、国会議員、大学教授、平和活動家、資金援助した銀行の重役など五〇人が一七カ国から参加した。主催はコスタリカ平和大学と人間研究センター。責任者はロジャーズと前コスタリカ大統領で平和大学創設者のカルゾー博士。

全体会のファシリテーターはロジャーズが務め、各小グループに人間研究センターのスタッフ二名が参加した。

初日、米国市民がニカラグアの政府高官に向かって、「なぜ国民の自由を制限するのか」と迫る場面から開始した。対話というよりも論争風のやりとりが交わされた。二日目になっても参加者の発言は演説調のものが多かった。しかし三日目の朝に参加者が相互の感情に耳を傾け始め、その日の夜に企画されたホイリゲン・パーティ（豊作を祝ってワインの新酒を飲むオーストリアの伝統的なパーティ）は「促進的な出来事」となった。アルコールの効果もあってコミュニケーションが活発になり、ある敵対する国の参加者同士はお互いの子どもの写真を交換し、別の二人の参加者は、両国が共存できる政策をお互いの政府に提出することを誓いあった。

最終日の午前、グループのプロセスはピークを迎えた。午後に予定されていた記者会見の参加メンバーなどをめぐって、議論は紛糾していた。しかしカルゾー博士の「私はコントラ派に勝ってほしいのでもサンディニスタ派に勝ってほしいのでもない。私が欲しいのは平和だ。みんなで中央アメリカの第三の道を探してほしい」といった発言や、あるニカラグアの参加者による「大権力が小国に耳を傾けることがあるということをここで確信した。中央アメリカの問題を話し合いで解決できる可能性は本当にあるんだ」といった発言により、グループの雰囲気は好転。多くのメンバーがグループ体験の意義を語り始めた。ある中央アメリカの政府高官は「当初はこんな方法が成功するとは思えなかった。アジェンダなしの会合なんてあやしいと思っていた」と打ち明けた後、「アメリカ人とニカラグア人が直接ふれあったことに驚いた。平和はわれわれ一人ひとりの内側で始まることを確信した」と語った。

こうして、最初存在していた緊張は緩和され、大半の参加者が肯定的な感情を抱いてワークショップは終了した。

ロジャーズはこのワークショップの成功要因として、次の点をあげている。①国際緊張の緩和というテーマが健全であった。②テーマが中央アメリカの死活にかかわる問題であったため、雰囲気が引き締まり、余計な話題が出なかった。③カルゾー博士の人脈で中央アメリカその他からそうそうたる地位のメンバーが参加した。④メンバーはお互いに不信感を抱きあっていて、しかも大衆に向けて話すのに慣れた人間が多い。こういったグループの扱いは難しいはずだが、有能なファシリテーターはグループを深く信頼し、動じることがなかった。⑤マスコミを閉め出したので自由な感情表現ができた。⑥幸運にもホイリゲンの時期でよいパーティーが持てた。

逆に問題点として、次の点をあげている。①米国の政府高官に参加を要請したところ、直前に説明なしでキャンセルされた。②共催者同士が地理的に離れており、また文化的にも異なっていたため、十分なコミュニケーションが取れなかった。③文化的差異のため他の文化圏の人々の感情を損ねることがあった。特に②や③は、国際的なワークショップ特有の困難な条件を示している。

とはいえ、大統領クラスの人間が何人も参加し、中央アメリカの緊張緩和に一定の成果をあげることができたルスト・ワークショップ。八〇歳の誕生日に余生を国際平和のために捧げることを宣言し、「カール・ロジャーズ平和プロジェクト」を結成したロジャーズにとって、最も意味深いイヴェントの一つとなったことは間違いない。

三　ロジャーズの国際平和運動とわれわれの課題

1　ロジャーズ国際平和運動の評価

本章で紹介したロジャーズの国際平和運動をわれわれはどう評価すべきだろうか。心理療法の分野の輝かしい業績に比べれば、取るに足らないものとみなすべきであろうか。私はそうは考えない。次のような理由でである。

ロジャーズの心理療法論の骨子をなす「必要十分条件説」は、実験室的な性格の濃厚な理論である。そのためロジャーズ理論は、クライアントの置かれた社会的文脈やクライアント－セラピスト間の微妙な相互作用を捨象せざるをえない構成になってしまっている。ファーソン（1974）が的確に指摘したように、ロジャーズ理論は「多いことは良いことだ」と考える最大化の理論である。こうした実験室的で直線的な理論が、微妙で複雑な相互作用を伴う心理療法の実践を支え切れるものでないことは明白である。

ロジャーズ理論のこの弱点はまた、それが面接室を超えた外の場面にそのままの形で適用される時、より大きな弊害を生み出す。たとえば第二章で見た、教室場面に態度条件説を適用して、教師の態度の人間的特質を測定するといったアスピー的な発想は、結果的に、教室を支えるさまざまな制度上の問題を不問に付すことにつながっていく。

私の考えでは、ロジャーズ理論は、本章の冒頭に記した「政治」という観点の獲得においてはじめて有効な意味を持ちうる理論である。この観点においてはじめて、ロジャーズのアプローチは、その実験室的な性格を乗り越えることができる。実際にはむしろ順序は逆で、もはや「密室」となりえない（実験室的な条件を整ええない）国際紛争などの現場に足を踏み入れ悪戦苦闘する中で、ロジャーズのアプローチは「政治」という骨太な観点を獲得しえたし、またそれにより、元来の実験室的な性格を払拭していくことができたのであろう。

もとより、ロジャーズ理論が単純で直線的な理論であることにかわりはない。複雑な状況にどう対応すればよいかを教えてくれる洗練された理論ではない。

しかしこの素朴で単純な理論は、同時にまた、意思決定の本来の主体が誰であるかを端的に思い起こさせてくれる理論である。民主主義という使い古された言葉の原初的な意味を想起させてくれ、それを日々の生活の中で実行することの大切さを教えてくれる理論である。

具体的な方法が問題なのではない。ロジャーズ自身も特定の方法に固執するタイプの人間ではなかった。

重要なのは、意思決定の本来の主体が文字どおり意思決定しうるような人間関係や集団や組織をどう作るか、である。また、ステレオタイプなレッテルに惑わされず、相互の違いを尊重しながら理解しあえる関係をどう作り上げてゆくか、である。「密室」を超えて展開したロジャーズの晩年の広範な諸活動は、こうしたロジャーズ理論の本質を、ある意味ではその心理臨床活動以上に具現化しえたものである。

2　われわれは何から始めるべきか

では、こうしたロジャーズの晩年の活動からわれわれは何を学び、どう実践していくことができるだろうか。

筆者は一九九四年夏、ルスト・ワークショップの開催国オーストリアでインターナショナル・エンカウンターグループに参加した（畠瀬稔氏も参加されていた）。東欧と西欧との政治的な壁は取り除かれても、文化間、国家間、民族間の根深い壁が残存していることを痛感させられた。われわれ人間はたしかに、自らの意識が到底及ばないレベルにまで言語的文化的に制約されている。しかし、人と人が一人の人間として正面から向かいあい、直接的な交流を行う時、言語や民族の壁を超える力を持ちうることもまた、このグループで確かに実感することができた。

省みれば、われわれ日本人も近隣のアジア諸国との間に、さまざまな緊張や摩擦を抱えている。韓国や中国からの留学生と話をしていて、日本や日本人に対する微妙で両義的な感情を感じた人は少なくないはずである。彼らの多くは、日本人はホンネとタテマエの使い分けが巧みで、本当は何を考えているかわからない、と感じているようである。日本人と心からのふれあいが体験できたことなど一度もない、と感じている留学生も少なくないようだ。

わが国でも、言語、国籍、文化などの相違を超えて人間としての交流や相互理解を深めるインターナショナル・エンカウンターグループに取り組むべき時が来ているのではないだろうか。われわれがもし、後期ロジャーズのアプローチに真摯に学ぼうとするのなら、足下に与えられたこうした課題から取り組み始めるべきではないだろうか。

＊平成八年三月、畠瀬稔、清水幹夫、中根巳貴男、広瀬寛子、高松里、筆者らによって、奈良・飛鳥の地において、第一回インターナショナル・エンカウンターグループが開催された。現在、「多文化間相互理解ワークショップ」と名称を変えて、継続的に実施されている。参加を希望される方は、「人間関係研究会ホームページ」(http://www.homepage.mac.com/tmatsumt/)を御覧いただきたい。

第Ⅳ部　ロジャーズ理解を深めるために

本書では、ロジャーズの主要著作を繙きながら、彼の〈仕事〉の全体像を把握しようと努めてきた。しかしながら一九八〇年代以降、わが国においては、ロジャーズの相対化とその継承のあり方そのものを再考する動きが本格化し始めている。また、こうした動きは欧米においても同様に見ることができる。

そこで本書においても、こうした動向を踏まえながら、ロジャーズ理解をさらに深めるためのいくつかの試みに挑戦しようと思う。

第一章では末武が、プレ・ロジャーズとしてのランクを、またポスト・ロジャーズとしてのジェンドリンを論じながら、より広い学説史的文脈のなかにロジャーズを据え置き、クライアント中心療法の今後を考える足掛かりを提供する。

第二章では保坂が、六〇年代末から心理臨床家の国家資格化問題が論議され続けている日本において、ロジャーズの継承を志す者にとっては最も微妙な「専門性」と「資格」の問題に、敢えてクライアント中心療法の立場から踏み込んで行く。

第三章では諸富が、実在のロジャーズを超えて、ロジャーズの本質（ロジャーズなるもの）をつかみとろうとする中から、カウンセリングの実践原理として「クライアントセンタード」概念を再定義することを試み、さらにそのことが日本文化に対して持つ意味について論じていく。

第一章　クライアント中心療法の展望――ロジャーズ以前と以後の問題を中心に

末武　康弘

一　はじめに

ここで取り扱おうとするのは、クライアント中心療法におけるロジャーズ以前とロジャーズ以後の問題であり、そしてこうしたパースペクティブからクライアント中心療法のこれからについて考えてみることにする。

本書で明らかにしてきたように、クライアント中心療法はカール・ロジャーズというきわめて独創的な人物の臨床実践と思索と研究によって形作られたことは疑いようのない事実である。もちろん、ここで彼の際立った個性や仕事を否定するつもりはまったくない。以下において、ロジャーズ以前や以後を考えるということは、より広いコンテクストの中で彼の存在やクライアント中心療法の意味をとらえ直し、今後の展望のための一つの視野を設定しようとする作業なのである。これまで、ロジャーズやクライアント中心療法についてこういった作業が十分に行われてきたとはいいがたい。クライアント中心療法に関する従来の展望の多くは、ロジャーズを中心としたいわゆるロジャーズ派の内的な発展史として描かれてきた（Evans, 1975; Kirschenbaum, 1979）。しかしロジャーズの没後、われわれはこうした「ロジャーズ派の物語」の内側だけにとどまることはできない。必要なのは、そうした物語を再生産することではなく、より広い歴史的文脈からロジャーズおよびクライアント中心療法の意味を再構築していくことであろう。

そうすることによって、心理臨床の世界におけるクライアント中心療法の今後の展望も明らかになっていくと考えられる。

二　ロジャーズ以前：クライアント中心療法の誕生におけるランク－ロジャーズ問題

第Ⅰ部で触れたように、ランクは、臨床実践の観点や方法という点で若き日のロジャーズに最も強い影響を与えた人物の一人であるといわれている。これまで、クライアント中心療法や心理療法の歴史を概観した文献の多くが、ロジャーズがランクから受けた影響については言及してきたものの（たとえば、Sollod, 1978：佐治・飯長、一九八三：Harper, 1994など）、それは直接的な影響というよりも、関係療法という方法を介しての間接的な影響であったとする見方が一般的であった。ロジャーズ自身、『問題児の治療』の中では、関係療法の観点や方法は評価しつつも、ランクの理論についてはそこにとどまる必要はないと、少々アンビバレントな認め方をしていた。

しかし晩年のロジャーズは、あるインタビューの中であなたの先生は誰かとの質問に、「オットー・ランクと私のクライアントたちです」と答えている（Rogers, 1983）。はたしてランクはロジャーズに、そしてクライアント中心療法の誕生に影響を与えたのだろうか。もし与えたとするならば、それはどのような影響だったのか。クライアント中心療法の誕生にまつわるこのランク－ロジャーズ問題は、心理臨床の世界におけるクライアント中心療法のルーツを考えるうえでも検討が加えられてしかるべきテーマであろう。

というのも、ランクはアメリカでの関係療法の指導者というだけでなく、周知のとおり、ウィーンではライヒ（Reich, W.）やフェレンツィ（Ferenczi, S.）とともに、フロイトの「恐るべき子ども（アンファン・テリブル）」と評された気鋭の精神分析学者であった。彼はフェレンツィとともに精神分析技法の修正に取り組み（Ferenczi & Rank, 1924）、また出産外傷説（Rank, 1924）の発表によってフロイトから破門され、アメリカに渡ってからは独自の意志療法（will therapy）を創始し、それが関係療法の土台を築くこととなった。このようなランクが、若き日のロジャーズに与えた影響の大きさやその内容が明らかになれば、精神分析とクライアント中心療法の布置、および心理臨床の歴史的展開におけるクライアント中心療法の位置づけがより鮮明になるのではないかと考えられる。

これまでロジャーズ自身の言葉としても、またクライアント中心療法関係の文献にも、彼がランクからどのような影響を受けたのかその詳細に触れたものはなかった。しかし一九九五年にアメリカのヒューマニスティック心理学会の学会誌 Journal of Humanistic Psychology が「カール・ロジャーズ――その人と理念」と題する特集号を組み、その中にクレイマー（Kramer, 1995）というランク派の研究者による「クライアント中心療法の誕生」という興味深い論文が掲載された。この論文では、ランクがロジャーズに、そしてクライアント中心療法の誕生に与えた影響の大きさについて、これまで不明確であった事実のいくつかを示しながら、きわめて積極的に論証を行っている。そこで、その主要な論点を簡潔に示してみたい。

ランクとロジャーズの唯一の出会いは、一九三六年の六月、ロチェスターの児童愛護協会で臨床活動を行っていたロジャーズが、ランクの教えをうけた同僚のソーシャルワーカーのすすめもあって、ランクを三日間のセミナーの講師として招いた時のことであった。一九二六年よりフィラデルフィアのペンシルバニア社会福祉大学でワーカーたちの指導にあたっていたランクは、すでに英、仏、独語で著書が読まれていた国際的に知られた心理学者であった。一方ロジャーズは、『問題児の治療』を執筆途中の、まだ無名の青年臨床家だった。このセミナーの記録は残っておらず、ランクが何を伝え、ロジャーズが何を学んだか定かではない。しかし、このセミナーの一カ月後にランクは『意志療法（Will Therapy）』を含め二冊の著書を公刊しており、この時期はランクの最も実り豊かな思想が展開されていた頃でもあった。ランクがセミナーの中で彼の核心的な考えを伝えたことは間違いないであろうし、ロジャーズはその考えに強い影響を受けたことは十分に推察できる、とクレイマーは論じる（たしかに、ロジャーズが心理臨床の分野で頭角をあらわすようになるのは、明らかにこの時期以降のことである）。

では、具体的にはどのような影響がみてとれるのであろうか。まず言葉の問題から取り上げると、〈クライアントclient〉という用語は一般にロジャーズが心理臨床の分野に持ち込み、広めたといわれているが、じつはランクはすでに一九三〇年代にこの言葉を使用していた（たしかに独語には〈Klient〉という言葉がある）。また、ロジャーズがその後彼の心理療法理論の中核にすえることになる〈共感（empathy）〉という概念についても、ランクは一九三二年にはEinfühlungという独語を、彼の理論の鍵概念としてすでに用いていた（empathyはEinfühlungの英訳の語である）。これらの用語は、ランクを通してロジャーズにもたらされた可能性が高い。

さらに、より根本的な問題として注目すべきは、このセミナーの前年（一九三五年）、ランクはニューヨークでの講演において、「すべての精神分析的アプローチは心理療法家を中心に回っている、……真の心理療法はクライアント——彼の困難、ニーズ、活動——を中心に回らなければならない」と述べ、明らかにその後ロジャーズがクライアント中心療法として発展させる考えの起源をすでに表明していた、ということである。新天地アメリカでのランクは、治療者の中立性や解釈を重んずる伝統的な精神分析から離れ、創造性と治療的人間関係を重視した独自の心理療法論と思想を展開しており、〈クライアント中心〉という思想も、すでにランクの中に芽生えていたものであった。そうしたランクの考えは、ロチェスターでのセミナーにおいてロジャーズにあますことなく伝えられたはずである。

こうした事実からして、ロジャーズが後に公式化する彼の考えの核心的な部分に、ランクの思想や言葉がはっきりと組み込まれていることは、どうやら間違いなさそうである。クレイマーは、「……一九三〇年代のクライアント中心療法の誕生の時代のみならず、ロジャーズが深い精神世界をあらわすようになった一九七〇年代にいたるまでの彼の実り豊かな仕事のすべてに、ランクの思想の影響を私は見出した」（p. 55）と述べ、共感以外に、一致、無条件の肯定的配慮などの考えや、フロイトに対する懐疑的で批判的な見解にもランクの影響が見てとれ、さらには晩年のロジャーズが超越的で神秘的な世界に関心をもったことについても、その関心の寄せ方やレトリックの使い方などの点でランクとの類似性を指摘している。こうしたその後のロジャーズとランクの関連に関する指摘には、多分に推測的な要素が含まれているため、この著者の見解のすべてに同意することは控えたいが、ランクとロジャーズの思想的な関係には、これまで一般に認められてきた以上に、深い結びつきが存在していると考えてよいのではないだろうか。

たしかにロジャーズはランクを超えて、心理療法の科学性や公共性の確立に多大な貢献をなしえた。クライアント中心療法は意志療法や関係療法を超えて、世界的に広まっていった。しかし、クライアント中心療法の誕生におけるランク－ロジャーズ問題はわれわれに、ある独創的な思想や方法の萌芽はその創始者の中だけに閉ざされてあるのではなく、先に道を切り開いた人間との運命的で微妙な関係のうえに生じるものである、ということを教えてくれる。

また、こうしたランク－ロジャーズ問題をさらに追究していくと、ランクと同様にフロイトの恐るべき子どもといわれたライヒやフェレンツィなどの心理療法論や思想とロジャーズとの関係性の問題にも、関心が広がらざるをえない。特にランクと関係が深かったフェレンツィについては、ロジャーズおよびクライアント中心療法との関連から再評価することができるのではないだろうか。というのは、ランクを通じて、フェレンツィの考えがロジャーズに暗々裏に伝承された可能性は否定できないと考えられるからである。いずれにしろ、少々誇張した表現を使えば、ロジャーズはこうしたフロイトの恐るべき子どもにとって、そのまた恐るべき子どもの一人――心理臨床の科学性や公共性を高める手段や、多くの人々に伝わりやすい思考や言葉などをもった――であったといえるかもしれない。

また晩年のロジャーズは、彼が長年とり続けた厳格な科学者としての態度とは対照的に、神秘主義的な言動もとるようになったし、最近では、こうしたロジャーズおよびクライアント中心療法についてのトランスパーソナル的な評価もさかんに行われるようになってきている（O'Hara, 1995 など）。フェレンツィもライヒも、そしてランクも、その晩年には共通して神秘主義的な思想を強くもつようになったことを考えると、ロジャーズおよびクライアント中心療法を恐るべき子どもの系譜からより慎重に再検討することは、あながち的外れではないだろう。クライアント中心療法が今後、フロイトの恐るべき子どもたちがたどったと同じように、神秘的色彩それだけに塗りつぶされていかないためにも。

三　ロジャーズ以後：クライアント中心療法の分岐点におけるロジャーズ－ジェンドリン問題

次に、ロジャーズ以後（ポスト・ロジャーズ）の問題を考えてみよう。

ロジャーズによるクライアント中心療法は、その誕生以来めざましい発展をとげ、また数多くの優秀な研究者や実践家を輩出してきた。おもな名前だけあげてみても、カウンセリング心理学の指導者の一人であるパターソン(Patterson, C.)、クライアント中心の遊戯療法家アクスライン（Axline, V.)、親業で有名なゴードン（Gordon, T.)、援助のスキルを開発しているカーカフ（Carkhuff, R.)、その他間接的な影響としては実存的児童臨床家ムスターカス（Moustakas, C.)などがいる。しかし、独自の臨床実践を展開しているムスターカスは別にして、ロジャーズのもとで育った人々の多くは、クライアント中心療法の理論や方法を種々の分野や問題に適用するという面では貢献してきたものの、その理論をダイナミックに修正し塗りかえていくような役割を果たしてはこなかった。つまり、ロジャーズ派の内部では、彼を超えていこうとするポスト・ロジャーズ的な動向がなかなか生じなかったのである。

そこには、クライアント中心療法がその科学性と公共性を重視するあまり、知らず知らずのうちにある種のパラダイムが出来上がってしまい、それを乗り越えることが非常に困難な状況が生じていた、とみることもできる。シカゴ時代終盤のクライアント中心療法（一九五〇年代後半）には、その豊かな開花と同時に、こうしたある種の行き詰まり状態が内在していたのではないかと考えられる（たとえば友田、一九六八を参照)。ロジャーズたちによる、その後のウィスコンシンでの統合失調症の治療プロジェクトは、このような行き詰まりを打開するための一つの〈賭け〉であったとはいえないだろうか。少なくとも、ロジャーズらの研究グループのシカゴからウィスコンシンへの移動は、物理的な意味だけでなく理論的・方法論的にもクライアント中心療法の大きな分岐点であったと考えられる。そこでロジャーズたちは、それまでのクライアント中心療法の成果に固執しそれを再生産するという選択肢ではなく、新たな方向を模索するという選択肢を選んだ。すなわち、実践対象の拡大（統合失調症へのアプローチ）、心理療法の過程研究など、新たな課題への挑戦がはじめられたのである。そして、そうした分岐点の中で、ロジャーズを超える理論的観点を切り開き、ポスト・ロジャーズの動向を生み出した一人の人物が、もともと哲学を専攻しており、少し遅れてロジャーズたちの研究グループに加わったユージン・ジェンドリンであった。

まず、ジェンドリンがクライアント中心療法にもたらしたものを簡潔に示してみよう。彼はロジャーズの〈体験experience〉の概念にかわる、〈体験過程 experiencing〉という用語を創出し、この体験過程を中心とする理論的な視野を切り開いた。たしかにロジャーズは自己理論において体験というものの重要性に気づいていたが、しかしそれは、「生命体内の意識される可能性をもつ潜在的なものすべて」とあいまいに定義されていたにすぎず、彼は自己こそが個人の人格と行動を規定する要因であるとの立場から、体験についての十分な意味づけをなしえないでいた。一方、ジェンドリンは、自己、超自我、コンプレックス、諸特性といった人格の構造を説明しようとするさまざまの内容的な諸概念をいったん留保し、人間存在を他者および状況との絶え間のない相互作用のもとに刻々と体験をし続けている過程そのものとしてとらえようとした。つまり、個人の内部に自己とか超自我といった実体がアプリオリに存在しているわけではなく、むしろ、われわれは常に刻々と感じられている体験の流れの中に生きている。それは、われわれにとって自己や超自我といったものよりも根源的で、疑うことのできない所与の事象である。ジェンドリンは、人間にとって主観的に、しかし具体的に感じられているこの体験の流れを体験過程と名づけた。

この体験過程の概念と理論は、クライアント中心療法にさまざまの新たな地平を開いた。研究の面においては、それまで直接に観察することも操作化することもできなかったクライアントの体験的側面に実証的な光が当てられることになった。ジェンドリンは、クライアントが自らの体験過程に注目し、それを象徴化するあり方に着目し、体験過程の様式についての詳細な概念化を行った。過程尺度（process scale）やその後の体験過程尺度に結実するクライアント中心療法の過程研究は、この体験過程の様式という変数を中心に進められていった。また実践的な面では、ジェンドリンはクライアントの体験過程に注目し、それに応答し、それを作動・推進させることが心理療法のもつ意味であり、そのためには従来用いられなかったさまざまの方法をクライアント中心療法に組み込むことが可能であるとした。たとえば、クライアントの体験過程を正確に象徴化しようとする解釈、言語下のコミュニケーションへの着目、セラピストの体験過程からの自己表明、夢をはじめとした象徴的表現の取り扱い、などである。さらに理論の面では、ジェンドリンの体験過程理論は、ロジャーズの自己理論を包含しながら、より詳細に心理療法における人格変化の問題を解明することになった。たとえば、ロジャーズが論じた〈自己と体験の一致〉や〈自己の再編〉といった人格的変化の概念は、構造に拘束されて滞っている体験過程が正確な象徴化をともないながら推進されていくプロセスの断面として位置づけられるようになったのである（第Ⅱ部を参照）。

　クライアント中心療法の分岐点という意味では、ジェンドリンによる体験過程の概念と理論が登場してから後のこの立場は、次第に体験過程療法（experiential psychotherapy）と呼ばれるような方向へと進んでいった。そこでは、以前のクライアント中心療法で重視されていた受容や反射といったセラピストのスタイルを超えて、体験過程の推進のためにはあらゆる方法をも用いようとするような、大きな方向の転換がもたらされたのである。しかし、クライアント中心療法を実践するすべての人々に、こうした方向転換が生じたわけではなかったし、もちろん、現在でも前述の分岐点以前のクライアント中心療法にアイデンティティをもつ人たちはたくさん存在する。またロジャーズによる晩年のパーソンセンタード・アプローチは、理論的にはその分岐点以前への回帰という側面を含んでいると考えられる（実践的には、クライアント中心療法のもう一つの分岐点とでもいうべき前進ではあったが）。パーソンセンタード・アプローチの動向には、ジェンドリンは理論的にも実践的にもほとんどかかわっていない。彼は、ウィスコンシンでのプロジェクト終了後シカゴへ戻り、フォーカシング技法の開発を含めて、より独自の方向へと進んでいった。

　ジェンドリンがクライアント中心療法にもたらした視野には、ロジャーズとはかなり異なる、またロジャーズ理論をはるかに超えたパースペクティブが存在していた。彼は心理臨床家であると同時に哲学者でもあり、すでに一九六二年に『体験過程と意味の創造』（Experiencing and the Creation of Meaning）において、体験過程（その感じられる意味）とシンボルとの機能的関係について、独自の概念を駆使しながら——直接参照（direct reference）、再認（recognition）、展開（explication）、隠喩（metaphor）、把握（comprehension）、関連（relevance）、婉曲（circumlocution）——斬新な論考を行っている。ここであらわされた考えは、人間の意味の形成と体験過程の関係についての、きわめてユニークで幅広い哲学的な視野である。また最近では、体験過程という言葉にかえて、〈体験の複雑性 experiential intricacy〉という概念を用いながら、体験および身体の複雑さや可能性を、論理的パターンを超えて理解しようとする哲学的方法を提案している（Gendlin, 1992）。このようなジェンドリンの哲学的なパースペクティブについては、これまで十分に理解され検討されてきたとはいいがたいが、人間の精神的な現象についての新しい視座や知が示されていることは間違いない。たとえば言語と精神機能の関係の問題だけを取り上げても、おそらくフロイトやラカン（Lacan, J.）などの思想と真正面から比較検討されうる可能性を有していることを指摘しておきたい。

しかし、ジェンドリンのこうした理論が、それまでのクライアント中心療法との連続線上に直線的に位置づけられるのかどうかは難しい問題である。ロジャーズとジェンドリンとの間には、連続的な面と同時に、不連続的な断層も存在している。これは二人がもつ背景の違いにも関係する問題であろう。ジェンドリンはウィーン生まれのユダヤ系移民であり、また学問的基盤は心理学というより哲学にある。クライアント中心療法の分岐点におけるロジャーズ-ジェンドリン問題は、ある理論や方法の発展とは、研究や実践の積み重ねによる穏当な連続的変化といったものよりも、むしろラディカルなパラダイム転換によってもたらされるものである、ということを教えてくれる。そして現在のクライアント中心療法には、このロジャーズとジェンドリンの理論や思想の微妙な違いに由来する、二つのパラダイムの混在が内包されていることは指摘されねばならないだろう。

四　おわりに：クライアント中心療法のこれから

以上、クライアント中心療法におけるロジャーズ以前と以後の問題を考えてきた。これらの考察によって、クライアント中心療法というものが一般に理解されているほど単純で静的なものではなく、複雑かつ微妙な歴史的・理論的な文脈の中で動的に生成されてきたものであることは明らかになったであろう。では、クライアント中心療法は今後どのような方向へと進んでいくのであろうか。最後に、クライアント中心療法のこれからについて考えてみたい。

現在のクライアント中心療法には、いくつかの理論や方法論やパラダイムが混在している。そのおもなものは前述したロジャーズとジェンドリンのそれぞれの理論に基づくものであるが、ロジャーズだけでもどの時期の彼の理論や方法を受け取るかによって、実践のスタイルや思考方法は違ってくる。また受け取る側の個性や文化的背景もさまざまであるから、世界中に広がっているこの立場のセラピストやカウンセラーたちによって、今後どのような動向が作りだされていくのかは複雑な問題であり、簡単に予測することはできない（これまでにこの立場は、アメリカや西欧諸国、日本だけでなく、ロシアや東欧諸国、中南米、オセアニア、さらにアジア、アフリカの一部の国々にも広まっている）。

最近のアメリカのテキストを見ると、クライアント中心療法という用語にかわって〈パーソン中心療法 person-centered therapy〉という標題のもとに解説されているものが多い（Nelson-Jones, 1995; George & Cristiani, 1995）。これは、ロジャーズ晩年のパーソンセンタード・アプローチのパラダイムからクライアント中心療法をとらえなおそうとするものであり、たしかにアメリカではロジャーズが残した遺産――理論というよりも、その人間尊重の精神と行動――への評価はいまだに衰えをみせていない。世界的に見ても、パーソンセンタードな観点と方法は民族対立やコミュニケーション・ギャップの問題などにどのように寄与していけるか、ということは今後の重要な課題であろう。

一方、ヨーロッパでは、〈クライアント中心かつ体験過程的な心理療法 client-centered and experiential psychotherapy〉という名称が国際会議の標題として使われており、ロジャーズと並んでジェンドリンの理論の影響が相対的に強いようである（Hutterer, et al., 1996）。ジェンドリンの理論的地平は現在も発展しつつあり、その解明と評価はクライアント中心療法の理論的整備のために今後とも続けられていくであろう。

さらにまた、次のポスト・ロジャーズ的な動向は、どこから、どのようにあらわれるのであろうか。

一九九三年に出版された『カール・ロジャーズを超えて』（Beyond Carl Rogers）という論文集の編者ブレイジャー（Brazier, D.）は、その序文に次のように述べている。「ロジャーズは、われわれが現実はただ一つであるという考えをもつ必要のない心理学的観点へ扉を開いた。ポスト・ロジャーズ的な思考とは、ある部分、ロジャーズの考えがアメリカ合衆国の外へと広がっていくことから生み出された成果であろう。いまやわれわれは地球上のさまざまな文化の中に見られる世界観の違いにますます気づいてきている。多元性と多様性はいまではあたりまえのことなのである」（pp. 12–13）。

おそらく今後のクライアント中心療法は、このような文化的多元性というコンテクストの中で、新しいパラダイムを形成していくであろう。日本における実践と研究もこのような動向の重要な一翼を担っている。

第二章　クライアント中心療法の立場から専門性・資格について考える

保坂　亨

本小論では、小沢（一九八六）や越智（一九九〇）らにしたがって、以下議論を整理するために専門性と資格について分けて考えることとしたい。

一　ロジャーズは「専門性」についてどう考えたか

まずロジャーズが、専門性というものをどう考えていたかというところから出発したい。ロジャーズは、有名な六条件をあげた「パーソナリティ変化の必要にして十分な条件」（全集第4巻6章）の中で、「セラピストには、特殊な専門的な知識――心理学的、精神医学的、医学的、または宗教学的な――が要求される、ということも述べられていない」「セラピストがクライエントについて、正確な心理的診断をすることがサイコセラピィには必要である、ということも述べられていない」（一三四頁）と主張した。ロジャーズが、専門的知識や診断を「否定した」といわれる根拠がここにあるといえよう。しかし、この論文を正確に読み取れば、「専門的知識や診断がセラピストであるための不可欠の条件とはいえない」と主張しているのであって、村瀬（一九七八）も指摘しているように、それらを無用のものとして否定しているわけではないことがわかる。

そもそもロジャーズ自身は、臨床心理学を学び始めた当初は精神分析を学んでおり、彼の理論の中には多少なりともその影響がみられる。また、診断的知識にしても、ロチェスター・ガイダンス・センターでの経験からいって、当然十分にもっていたと考えられる（Kirschenbaum, 1979）。後年、自身の独自性を打ち出すにつれて批判的になっていったにせよ、それまでにその前提として彼なりのこうした知識の体系があったことをみのがすわけにはいかないだろう。彼自身は専門的な知識をもち、診断についても訓練を受けて実践してきたうえで、これらを重視しなくなっていった過程を考えるべきであろう。つまり、セラピストとしてのすぐれた資質と、十分な専門的知識と、豊富な臨床経験が一体となってクライアント中心療法の理論が構築され、そうした彼が「専門的知識と診断はセラピストであるための不可欠の条件とはいえない」と主張したのである（佐治、一九九二）。

では、ロジャーズのいうセラピストであるための不可欠の条件とは何か。それが同論文中に取り上げられている「純粋性」「無条件の肯定的配慮」「共感的理解」であることはいうまでもない。しかし、すでに述べてきたように、これらはいわゆるセラピストの態度条件とよばれるものであり、セラピストの基本的な姿勢を示したものにすぎない。同時に彼は、「サイコセラピィは、特殊な種類の人間関係であり、日常生活に起こってくる他のすべての人間関係と違った種類のものであるということも述べられていない」（一三三頁）とも主張し、すぐれた友情関係など日常的な人間関係にも存在している建設的な性質を質的に高め、かつ時間的に拡大したものがこれらの条件であると指摘している。ここからさらに翌一九五八年の「援助関係の特徴」という論文（Rogers, 1958）において日常的な援助的な関係へと一般化を試みたロジャーズは、第Ⅲ部でみてきたように、クライアント中心療法の知見を教育や集団（特にベイシック・エンカウンター・グループ）などの日常関係へと広げていくことになる。

また、別なところでロジャーズは、「もし理論というものを掲げようとするならば、自由に変化に解放されているというかたちで、仮定的に、軽く、弾力的に掲げられるべきであり、そして出会いそのものの瞬間においてはわきへ寄せておくべきものなのである」（全集第15巻、二四三頁）と述べている。さらに、「セラピストはセラピィの時間のなかでは主観的に生きることができるけれども、またその時間の事象を後に完全に客観的なかたちで検討することを主観的に選択することができる」（全集第15巻、一四九頁）とも表現している。すなわち、出会いの瞬間である面接中には理論よりも、セラピストの基本的姿勢をはっきりと上位におき、面接後の検討において脇においていた理論を活用する立場をとっているといえよう。

加えてロジャーズは、技法について次のように述べている。「それ（技法）が一つの条件を満たすための通路（channel）としてどの程度役だつかということを除けば、比較的重要なものでないということである」（全集第4巻、一三七頁）。したがって、いわゆる専門性に含まれる知識や診断、理論や技法などについて、総じてそれらを否定をしないまでも、少なくとも本質的なものとはしていない。そうした専門性よりも、日常関係においてもみられる基本的な姿勢（純粋性・無条件の肯定的配慮・共感的理解）を優位においていることはまちがいないといえよう。

二　クライアント中心療法における「専門性」の位置づけ

こうしたロジャーズの専門性についての考えを筆者は以下のように理解している。

たとえば精神科医が患者に対して行う診断は、「統合失調症」であるとか「〇〇神経症」であるとか、おおまかにいって類型論的分類にもとづく見方であり、一応客観的で、かつそれなりに一般的な見方といえよう。こうした類型論的な見方は、多様でかつ複雑な人間を理解する際に、明瞭にして簡潔な着眼点を提示してきた。しかし、それは個人個人を理解する一つの目安として役立つ一方で、同時にその目安（＝類型）に個人をあてはめて固定的に見てしまいやすいという欠点を合わせもっている。そして、なによりも多様で複雑な個人の目につきやすいところに焦点を合わせてしまうために、本来きわめて微妙なその個人特有の存在をみのがしてしまうおそれがある。また、もともと目の前にいて自分と関係をもっている相手を、いったん自分との関係から切り離して客観的な対象としてとらえようとする姿勢を持っている。こうした見方ないしは姿勢を、ここでは類型論的アプローチとよぶことにする。

ロジャーズが専門性として問題にしたのは、この類型論的アプローチのもつ限界であったと筆者は考えている。それまでこうした類型論的アプローチしか取り上げられてこなかった臨床心理学の世界に、あらたにそれとはまったく異なる立脚点をもつ現象学的なアプローチ（すなわちクライアント中心療法）をもちこんだのがロジャーズであったといえよう。実際、ロジャーズ自身自らの立場を実存主義的グループの中に位置づけると表明している（全集第15巻、一九九頁）。

こうした現象学的アプローチを重視して個人の独自性に接近しようとする立場からすれば、それまでの類型論的アプローチはかえって邪魔になるということを、ロジャーズは体験的につかんできたのであろう。ときとしてクライアントを客観的対象として評価し、診断する類型論的アプローチは、当然彼が主張するセラピストの態度条件が生み出す安全な心理的風土とは相容れない。したがって、アンチテーゼとしての主張が、先に述べたような「専門的な知識や診断は本質的なものではない」という表現となってでてきたと理解されよう。

しかし、現実には佐治（一九九二）が指摘するように、類型論的アプローチの有用性も認めざるを得ない。また、越智（一九九五）が「症状は臨床的行為の出発点である」という「従来の一般的考え方」に対して「症状とか異常な部分に囚われてはいけない。異常な人格とみなすのでなく、先入観を捨て、全人間的に受けとめなければならない」という「臨床のもう一つの出発点」の「重要性はいくら強調してもしすぎることはないほどのもの」と述べながら、同時に「しかし、われわれはその意見、そこから出発する方向性だけに徹するわけにはゆきません。それはあまりに安易であり、楽天的です」と指摘することにもうなずける。この場合前者（症状を重視する立場）が類型論的アプローチに、後者（症状に囚われない立場）が現象学的アプローチにつながるとみることができる。したがって、実際の臨床の場では一見相容れないこのふたつのアプローチをどう両立させ、止揚させていくかが問われているといえよう（佐治他、一九九六）。

クライアント中心療法においても第Ⅱ部第二章二で取り上げたように、その展開の方向性の一つとして心理診断的な見立ての重要性が浮かび上がり、ロジャーズが従来強調してきた現象学的アプローチとの両立がその課題となることはすでに指摘したとおりである。

三　ロジャーズは「資格」についてどう考えたか

ロジャーズは一九七二年、アメリカ心理学会の職業的貢献に関する特別賞（Distinguished Professional Contribution Reward）受賞の記念講演（彼の最晩年の著作である『人間尊重の心理学』（Rogers, 1980：畠瀬訳）の第11章「援助的職業への新しい挑戦」として所収）において、「資格」（文中では「認可（certification）」や「免許制度（licensure）」という表現になっている）に対して明確に反対の立場を表明している。もっとも、彼は一九四七年アメリカ心理学会が認定委員会を設立したときの会長であり、この文中で「当時はその動きにどっちつかずの感情を抱いていましたが、今は反対の立場をとれば良かったと思っています」とも述べており、当初から「資格」に対して反対してきたわけではない。また、同時に「認可制度とそれに関連する仕事に携わる人々の動機や誠意や努力を決して非難しません。むしろ深い共感を覚えます」とも述べている。きわめて簡潔な短い一文なので、できれば直接読むことを勧めたいが、あえて筆者なりに要約すると以下のようになろう。

まず反対の理由として、以下三点をあげている。その第一に「専門職を古くさいイメージに凍結すること」、つまり「認定手続きは過去に根ざした過去の言葉で専門職を定義したもの」になってしまうと指摘する。そして、第二に「資格のない実践家と同数くらい資格をもつ金もうけ主義者や悪徳心理士がいる点」をあげ、次のように具体的に述べる。「もし、皆さんに治療的援助を至急必要とする親友がいる場合、私が何も情報を添えずに臨床心理学会の免許取得者を紹介したなら、あなたは友人を彼のところに行かせるでしょうか？　そうしないでしょう。壁に免許状は掲げてあっても治療、グループの促進、結婚相談に不適切な人が多くいるのを知っているから、彼が一個人としてまたセラピストとしてどうあるかを知りたいでしょう。認可と能力とは等しくないのです」。さらに、第三として「専門性が固い官僚主義を生み出す点」をあげ、「官僚的規則が正しい判定にとってかわるのです。ある人は規定どおり二百時間のスーパーヴィジョンを受けたので認可されますが、一五〇時間しか受けなかった人は認可されません。セラピストとしての能力やその仕事の質、受けたスーパーヴィジョンの質に注意が払われないのです。また心理学のすぐれた論文が心理学科ではない大学院で書かれたために資格が与えられない人も出てきます。そのような例がいくらでもあります。役人はおなじみのやり方で幅をきかせ始め、専門性を著しく後退させます」と述べている。

また、「これと裏表の関係にあるもの」として次のような例をあげている。「私が最近知遇を得た命の電話のカウンセラーのことが浮かびます。電話を通して彼らは麻薬の悪酔、自殺予告、もつれた恋愛関係、家庭不和などあらゆる個人的問題に対応します。ほとんどの人は大学生かそれより少し経験を積んだ人々で、最小限の集中的職業訓練を受けています。そして、私は、彼らが多くの危機的場面で、専門家もうらやむ能力と判断力を示しているのを知っています。伝統的基準に照らせば全くの無資格者です。しかし、彼らは献身的で有能なのです」「また私のグループ体験のことが思い浮かびます。いわゆる純粋なメンバーが、難しい個人や難しい状況に対して私自身や専門家である他の促進者よりもはるかにすぐれた知恵を持っているのです。これらを見れば頭を冷やすよい経験となります。また夫婦のためのグループ・リーダーとして最高の人を思い浮かべてみると、男女一名ずつ思い浮かびますが、どちらも初級の資格証明書すら持っていません。有能な人々が免許の垣根の外に存在しています」。

さらに、同僚リチャード・ファーソンの語った原則として「問題を抱える人々こそが、その問題に取り組む最高の資源を持っている」ことをあげ、次のように述べている。「これは、多くの領域で正しいことが示されています。麻薬常習者や体験者が、麻薬問題を抱える人々の最も良い相談相手です。同じく、アルコール中毒体験者がアルコール中毒患者を、犯罪体験者が犯罪者を援助しています。これらすべての人々は専門家よりもうまく援助しているほどです。しかし、これらの人々を認定したり、援助者として地位を高くしたりすれば、彼らの力は衰えます。『専門家』

になって、あの排他性や縄張り意識が出てしまうからです」。

筆者としては、彼の次のような発言にも注目したい。

「人間と向き合う時、免許は真の資質を保証するものではないという事実を真正面から見つめねばなりません。私達が尊大にならなければ、資格のない人からも多くのことを学べます。なぜなら人は人間関係に於ては思いもよらない力を発揮する事があるからです」。

「援助を必要とする人と援助の提供に真に優れた人をめぐり合わせる創造的方法があるのでしょうか？」。

確かに畠瀬（一九八八）が指摘するように、ロジャーズのこの「資格」についての見解は、「アメリカの現状ということをふまえた意見として検討しなおしてみる必要がある」だろう。(財)日本臨床心理士資格認定協会をはじめいくつかの民間団体が認定業務を開始し、法制化も検討されている現在においては、傾聴に値するものであろう。

四　クライアント中心療法における「資格」の位置づけ

まず、これまで展開してきた専門性についての議論の延長線上において資格というものを考えてみたい。それはとりもなおさず専門性の先に資格という問題を置くことが可能だと考えられるからである。つまり専門性、すなわち類型論的アプローチを強調する立場においては、資格は当然必要なものととらえることになる。一方、類型論的アプローチよりも現象学的アプローチを優位に置いた場合、資格についてどう考えるかはきわめてむずかしい問題になる。たとえばこれを単純に割り切って、臨床におけるすべての専門性および類型論的アプローチを否定してしまえば話は簡単で、専門性同様に資格そのものにも明確に反対すればよい。しかし、越智（一九九五）のように専門性をまったく否定するわけではない場合、すなわち類型論的アプローチと現象学的アプローチの両立を考えるとき、専門性の具現化である資格についてどう考えるかは、きわめて微妙かつ複雑な道へと迷い込む危険性を持っている。極端な場合、将来資格がなければ臨床活動ができないという現実が目の前にきたとき、個人の臨床姿勢（哲学）という次元において、資格はある種「踏み絵」（久能他、一九九四）とならざるをえない問題であろう。ロジャーズがアメリカにおいて資格が法制化される過程で、当初から明確に反対することをためらっていたのもうなずける。

少し視点を変えて考えてみよう。ブーバーがロジャーズとの対話において指摘したように、確かに治療状況においてクライアントとセラピストは本質的に対等ではありえない。ロジャーズがいくら「主観的経験」における対等性を志向する現象学的アプローチを強調しようとも、こうした客観的事実は動かしがたい。だからこそ、この状況においては相対的に優位に立つセラピスト側に類型論的アプローチすなわち専門性がはいりこみやすく、対等性を志向する現象学的アプローチの立場をとることが構造的にもむずかしい。越智（一九九五）がこの現象学的アプローチの立場について「強調してもしすぎることはないほどのもの」という所以だろう。ロジャーズがそれゆえに資格について反対したかどうかは不明だが、クライアント中心療法の立場にしてみれば、あえてセラピストが自分から対等性を阻害する要因を身につけることはないという考えもありうるだろう。すなわちクライアント中心療法からすれば、資格は一面で現象学的アプローチをとることをさらにむずかしくする敷居に見えるということである。その場合、資格はもともと対等ではありえないクライアントとセラピストの関係に、より大きな格差をつけてしまうものとみなすことができる。したがって、クライアント中心療法においては専門性を前面に出して会うことをしないのと同様に、資格を持つものとして相談に来た人と会う立場はとらないという方向性がでてこよう。

五　おわりに：「資格」についての一私論

筆者にとって専門性の問題は三節で述べたようにまだ整理しやすかったが、資格については微妙である。四節のように整理はしてきたものの何かすっきりしない感じが残る。そのあたりのことをもう少し言葉にしてみたいと思う。

もともと「資格」に対して筆者の中にあったものは、それを肯定すること、あるいは自分の具体的な対応として取得することへの「ためらい」や「うしろめたさ」であり、「なんか変だな、おかしいな」という疑問のような感覚であった。そして、この感覚を自分の中でたどっていくと、この世界に足を踏み入れたときに自分にとって大きな問題であった、そもそも臨床という仕事に対する疑問に至ってしまう。足を踏み入れる前の外から見た感覚でいえば「人の相談にのること」という日常的なあたりまえのことを仕事にする「うさんくささ」のようなものである。また、踏み入れたときの感覚でいえば、自分が人の人生やその内面に深く関わることへの「畏れ」、人の心の中に立ち入ることへの「畏れ」のようなものである。これらの感覚と相通じると筆者に思えた言葉を以下に引用したい。「畏れとは、具体的には、人（や自分）の過去の体験を詮索したり、無意識の領域について勝手に推測したりする時には、そういうことをすること自体にいつも疑問をもち、そして、『本当のところはわからない』という感覚を常に大切にすることだと思います。普通のことばでいえば、慎しみということに近いでしょうか」（無藤、一九八四）。

そして、この世界に入ってしまってからの具体的な体験に基づいていえば、青年期のクライアントから向けられる「あなたはなぜ私と会うのか?」という本質的かつ根源的な重い問いかけが、この種の感覚を触発してきた。それはおそらく、問いかける側に自分が感じるのと同質の、臨床という行為自体に対する疑問やうさんくささのようなものが内在しているように、思えたからであろう。筆者にとってこの問いに相手と同じレベルで向かうことは、当の相手に会うという行為が相手のため、すなわち援助であるという面と同時に（うまく表現できないのだが五〇パーセントを越えない限りにおいて）、どこか自分のためでもあるという感覚をうかびあがらせる（保坂、一九九〇）。結局は言葉にしてしまえば対等性へのこだわりなのかとも思う。しかし、それはブーバーが指摘し、ロジャーズがあくまでもこだわったように「主観的経験」における対等性であり、クライアントが体験過程を探っていくのと同じレベルで、セラピストも自らの体験過程をみつめる努力をする（＝純粋性）という意味での対等性ということになろう。筆者にとっては、専門性や資格がこの対等性を脅かすものとして映っている。

結局のところ、こうした感覚やこだわりを持つ筆者にとってぴったりきたのが、ロジャーズのクライエント中心療法にほかならなかった。今でもこうした感覚やこだわりを持っていることにかわりはないが、ロジャーズを知ることによってそれらをなんとか説明（言語化）することが可能になり、一応自分の中におさめておくことができるようになったのである。この問題は臨床にかかわるすべての人にとって大きな問題であると思われるのだが、それぞれの専門家ないしは専門家を目指す人たちはどう考え、どのように自分の中におさめているのであろうか。一人ひとりにたずねてみたいものである。

＊本節は拙稿「クライエント中心療法の立場から専門性・資格について考える」（臨床心理学研究三二巻二号三八―四四頁　一九九五年）を加筆・修正したものである。

第三章　「クライアントセンタード」とは何か――カウンセリングの実践原理として

諸富　祥彦

一　はじめに

〈ロジャーズ〉とは何か。実在した一人の人間であるカール・ロジャーズ本人の言説と不可分でありながら、それと相対的に区分されうるロジャーズの本質（ロジャーズなるもの）とは何か。

ロジャーズ研究者としての私がこだわってきたのは、まさにこの問いであった。実在した一人の人間カール・ロジャーズを相対化すると共に、ロジャーズの本質を見据えるという作業に、私はこだわってきたのである。

そのプロセスにおいて、実にさまざまな〈ロジャーズ〉の姿が見えてきた。

たとえば、「いのち（生命）中心主義者」としての〈ロジャーズ〉の姿が見えてきた。

草木であれ、ミミズであれ、アメーバであれ、この宇宙のあらゆる存在者に、等しく与えられた〈いのちの働き〉。何よりもこの〈いのちの働き〉を分有する存在として、つまりは生命体（organism）として、ロジャーズは人間を見ている。

また、晩年の諸活動の検討からは、「社会革命家」としての〈ロジャーズ〉の姿が見えてきた。

いずれも〈ロジャーズ〉の真実の諸相に違いない。

しかし私としては、ロジャーズの本質を問う、ということの作業に関連して、最も言うべきことをまだ言っていない。臨床実践の場においてこの作業はいかになされうるかという課題――「クライアントセンタード」概念の本質的意味を臨床実践の文脈において改めて問い返し、それを通してこの概念を臨床実践上より有効な概念たらしめるという課題――が、まだ手つかずなのである。本章ではこの課題に取り組みたい。

しかしその際、次の二つの問題を無視することはできない。

一つは欧米におけるこの学派の三派分裂の問題――純粋ロジャーズ派、パーソンセンタード派、体験過程療法派への分裂の問題である。たとえば、純粋ロジャーズ派の一人ブラッドリー（Brodley, B. T., 1990）は、しばしば指示に近い応答を行う体験過程療法に関して、それは「指示的心理療法の一つ」であり、もはやクライアント中心の範疇には入らないと痛烈に批判する。彼女によればまた、純粋ロジャーズ派は「全人」を尊重するのに対し、体験過程療法派において尊重の対象となるのは個人が自己の内面探索を行う時に展開される体験的プロセスに限定される。

この指摘だけからでも、たちまち次のような問題が生じてる。「指示するかしないか」は果たしてクライアント中心の本質にかかわることか。クライアント中心療法において「中心」に置かれ「尊重」の対象となるのは何か。「全人を尊重する」と言うがクライアントの自己探索の拒否や堂々巡りをもまるごと尊重して果たして心理療法は成立するのか。「クライアントセンタード」とは何かという問いには、これらの問いすべてが含まれている。

もう一つは、日本文化の問題である。しばしば次のように言われる。日本のクライアント中心療法は日本流の変質を遂げている。それは個人の独立を基盤とする米国におけるそれとは似て非なるものである、と。

日本流の変質を遂げている――これは確かであろう。しかしそれが悪いものと頭から決めてかかる必要はない。日本流の変質があるとして、それがクライアント中心療法の本質に抵触するか否か。それが問われるべき問いである。

二　クライアント中心療法における典型的体験
――「無人格（impersonality）」と「真空（vacuum）」――

成功しつつあるクライアント中心療法において、クライアントの目に映るカウンセラーの典型的な在り方とはいかなるものか。理想的なカウンセラーであれば、クライアントに次のように言うであろうとロジャースは考える。

「あなたの力になるために、私は自分自身――自己の通常の相互作用――を脇へ追いやり、できるかぎり完全にあなたの認知世界に入り込むわけです。ある意味で、あなたのために別の自己――あなた自身の態度や感情の第二の自己――になるわけです」（Rogers, 1951：主要著作集2巻、三七頁）。

自己を排してクライエントにとっての「もう一人の自分」になること――ここに（少なくとも当時の）ロジャーズは、理想的なカウンセラーの在り方を見ていたのである。

ここで浮かび上がるのが、ロジャーズが『クライアント中心療法』で用いたimpersonalityの概念である。「無人格」（友田訳、一九六六）とか「非人称性」（森岡、一九九一）と訳されるこの概念にロジャーズはいかなる意味を込めていたのか（「非人称性」の訳は、通常の人称的関係との対比でこの療法における関係の特殊性を表現したもの。一方「無人格」の訳には実存的ニュアンスが濃い）。

興味深いことに、この語はもともとロジャーズ自身の言葉でなく、エット夫人（Mrs. Ett）と呼ばれる若い女性のクライアントが面接の中で使った言葉である。該当箇所を引用しよう。

クライアント　つまり、先生は――ほとんど人格を有していないのですから。…（中略）…妙なことです。これまで誰ともこのような関係になったことはないし、これについてはたびたび考えてみるのですが。

カウンセラー　確かにほとんどの関係とは全然違ったものですね。

クライアント ええ、そうですね。それでも、私の関係――私たちの関係とは言えないでしょうね――だって私たちの関係と言えるほど先生が私になにかを与えてくれるということがないわけですから――でも、私の先生との関係は魅力的ですわ。私はこの関係を楽しんでおります。とても純粋で、ええ、そうね、人格をもたず、性とは関係のない、すべてが安定していますもの。(Rogers, 1951:主要著作集2巻、二〇四頁)。

日常の人間関係では、相手に自分のことを話すと次第に相手に恐怖を感じ始めるエット夫人。しかしロジャーズとのカウンセリングにおいては、そんな感情はまったく起こらない。このカウンセリング関係の特殊性を言い表そうとして、エット夫人は impersonal という表現を用いたのである。ロジャーズの方も、この言葉は自分の面接の本質を言い当てたもののように感じたのだろう。コメント部分でロジャーズは、エット夫人は「カウンセラーの人格――自分自身の欲求から評価を下し、反応する人格としてのカウンセラー――が明らかに不在であるというこの独特な体験」(二〇六頁)を表そうとしたのだ、と指摘している。

ロジャーズ自身も認めるように、impersonality という表現は、クライアント中心療法における典型的なカウンセラーの在り方を的確に言い当てている。カウンセラーはクライアントの知覚の世界に入り込み、それを正確に映し出す「鏡」となる。クライアントにとっての「もう一人の自分」になりきる。一方、生身の人間としてのカウンセラーは排除され、「死に体」(森岡、一九九一)となるのである。

では、このような在り方をするカウンセラーとの関係において、クライアントはいかなることを体験するのか。

その手がかりの一つは、先の逐語においてエット夫人がロジャーズとの関係を「先生との私の関係」とは言えても「私たちの関係」と言うことはできない、と指摘している点にある(傍点引用者。以下同様)。ロジャーズ自身もこの点にコメントを加え、これは、カウンセリング関係がこのクライアントにおいて「きわめて独特な意味において一方通行的な出来事として体験されている」(主要著作集2巻、二〇六頁)ことを示していると指摘している。

理想的なカウンセリング関係とは、クライアントにとって「一方通行的」な関係である、などと言うと、意外に思われるかもしれない。ことに共感的人間関係を何より重視したはずのロジャーズがそう明言しているとなると。

しかし私には、ロジャーズのこの指摘は、典型的なクライアント体験の本質を突いているように思われる。エット夫人の言うようにそれはある意味で「私たちの関係」ではなく「私の」（私一人の）関係なのである。

この点がより鮮明になるのが、「ハーバート・ブライアンのケース（Rogers, 1942）」（主要著作集1巻第四部）においてである。編者友田不二男は、全集第9巻において、クライアントのブライアン（仮名）が使った「真空 vacuum」という言葉をめぐって長い訳注を付し、そこでカウンセリングの本質にかかわる自説を展開している。紙数の制約から詳しく紹介することはできない（諸富、一九九四を参照）から、対談中の次の発言を引用してそれに代える。

「クライエントのブライアンがヴァキューム（真空）という言葉を使っているんですよ。……このハーバート・ブライアンと名づけられたクライエントが、人間が変化するのは、わかりやすくいうと〈ひとりぽつんといるとき〉である、人間と人間の接触があったり、現実の状況のなかでは、人間は変化しない、といいだすんですよ。カウンセラーはこの意見に反対で〈人間関係において人間は変化し成長してゆく〉という。このところがわたくしのキイ・ポイントになるので注釈をたくさんつけたんですけれど、わたくしは確かに、クライエントに軍配をあげているんですよ。人間はひとりでぽつんといるときに飛躍したり成長したりしてゆく。その飛躍や成長を確かめてゆくのが人間のつながり、具体の世界、であるけれど、その現実の世界、現実の人間関係において成長が起こるのではない、と思うんです。……ロージァズのテクニックが意味をもちうるのは、クライエントがひとりぽつんと置かれた状態になることにある」（全集第18巻所収、四二〇頁）。

また別の箇所で友田は、氏のクライアントがよく「先生が消えていなくなってしまう、そこで前を見てああいるなと確認をしてまたお話をしているうちに、再び消えてしまう」と語っていたと指摘する（赤田他、一九六五）。これなどは、まさに impersonality の具体的なあり様を示しているエピソードと言えよう。

友田のクライアントやエット夫人、ブライアンのいずれにも共通するものとして指摘できるのは、典型的なクライアント中心療法はクライアントにとって「ひとり」の体験として体験される、ということである。

このクライアント中心療法の本質を、筆者なりの言葉で摑み直してみよう。

私たちが一人で思い悩む時、物理的には一人であっても、心の内側には多くの「自己ならざる自己としての他者」が存在している。そして、それらの人々の目を気にしたり、何かを言い聞かせられたりしている。つまり、物理的には一人であっても、心の中は、内在化されたさまざまな他者の声に支配され、縛られて、がんじがらめになってしまっている。そうして身動きがとれなくなってしまっているのである。

この人が、クライアントの「鏡」となって感情のひだをていねいに聴くことのできるカウンセラーを訪ねたとしよう。するとどうなるか。

不思議なことだが彼は、カウンセラーにていねいに話を聴いてもらっているうち、それまで自分の心を支配しがんじがらめにしていた「複数の他者」が、いつの間にかスーッと脱け落ちてしまっていくことに気づくことになる。悩める人（クライアント）は、ここでやっとそれらの人々の声から解放される。それまで物理的には一人でも、心の中はいつも他者に支配されがんじがらめになっていたこのクライアントは、ここで初めてほんとうの意味で「ひとり」になることができるのである。

つまりカウンセリングとは、このように、他者からの共感的理解を得てそこで初めてほんとうの意味で「ひとり」になることができる、という逆説的な関係を意味しているのである。

そしてそれに続いて、心の奥のほうから「自分のほんとうの声」が聴こえてくる。「あぁ、私はこういうことを感じていたんだ」「私はこちらに進むべきだったんだ」ということが、「実感」として感じられてくる。

これは、ジェンドリン（Gendlin, E. T., 1984）が「クライアントのクライアント client's client」という概念で言い表そうとしたことである。

ジェンドリンによれば理想的なカウンセリングのプロセスは次のように展開していく。カウンセラーからの共感的理解を得て、クライアントは自分の心の中を支配する複数の他者から解放され、心の中に空間をつくることができる

(clearing a space)。そして、さしあたりはお腹のあたりで感じることのできる「感じ felt sense」として与えられる「もう一人の自分」の声、すなわち「クライアントのクライアント」の声に、クライアント自身がやさしく耳を傾けていく。カウンセラーがクライアントに耳を傾けていくのと同じように、クライアント自身が、問題や気になることについて浮かんでくる自分の「感じ felt sense」に耳を傾け、それに問いかけていくのである。

ジェンドリンによれば、クライアントが自らの内なる「クライアントのクライアント」に問いかけ、その声に耳を傾けていくこの自問自答のプロセスこそカウンセリングの中心軸である。カウンセラーの役割も、この体験的プロセスを支えることにある。

そしてこのような理解に立てば、本章の問い、すなわち「クライアントセンタード」とは何か、という問いへの答えも、いっそうに明確になってくる。つまりわれわれが「クライアント中心」と言う時「中心」に据えるべき「クライアント」とは、目の前にいるクライアントの奥にいる「もう一人のクライアント」、すなわち「クライアントのクライアント」なのである。言葉を変えれば、クライアントが自らの内なる「クライアントのクライアント」と自問自答を繰り返していく体験的プロセス、この体験的プロセスを中心に据えることが、クライアント中心療法における「クライアント中心」の本質的意味にほかならない。

三　カウンセリングの「実践原理」としての「クライアントセンタード」

これまで、クライアント中心療法における典型的体験について「無人格」や「真空」といった概念を取り上げて論じてきた。しかし、そのような体験が、いつも実現可能なわけではない。現実の臨床実践はそううまくは運ばない。仮にあるカウンセラーが自分を排して、クライアントの「鏡」になりきることができたとする。そんな場合でも、いつも堂々巡りばかり繰り返して少しも面接が深まらないクライアントや瑣末な場面のディテイルばかり話して自分に目が向かないクライアントが、自己の内面探索に向かっていくとは限らない（このことは実証的には、ＥＸＰスケール――クライアントがどのぐらい自分の体験過程に触れているかを測定するスケール――を使った研究によって確認されている）。ある研究によれば、ＥＸＰの平均値３・５以下では成功例はほとんど見られなかった。しかも別の研究によれば、クライアントのＥＸＰレベルの高低は、カウンセラーがどれぐらい共感性を伝えたかとは無関係であった、というのである（池見、一九九五参照）。

私たちは、このようなクライアントを前にした時、どのような努力をするだろう。まず虚心にクライアントを見つめ、また自分に伝わってくる実感を手がかりとしながら、相手の状態像を改めて正確に見定めようとするだろう。「見立て」直すのである。そして面接方針を再検討するだろう。

しかし、少なくともロジャーズ「理論」の内部にとどまる限り、われわれは、相手の状態像に即して自らの面接方針を柔軟に適合させていく通路を持ちえない。そしてこうした現実に直面した時、臨床的に無効な方法として、クライアント中心療法が捨てられていったと考えられるのである。

なぜこうなったのか。私は、ロジャーズ理論が内包する最大の問題は次の点にあると考えている。「パーソナリティ変化の必要にして十分な条件」（Rogers, 1957：全集第４巻）に明示されるように、ロジャーズの「心理療法の過程方程式」――「カウンセラーの態度条件」を左辺に「クライアントの変化過程」を右辺に置いた方程式――は、単に「条件・結果の現象 if-then phenomenon」として述べられるにとどまり、両者をつなぐ媒介的説明はまったくなされていない。すなわち、それは、単に観察事実として言及されるにとどまり、態度条件がなぜ人格変化を引き起しうるかという点の理論的説明は、もともと放棄されていたのである。

その結果、ロジャーズ理論を信奉するカウンセラーは、自らの治療実践が「なぜ」クライアントの人格変化を引き起しうるか（引き起しえないか）を理解し説明するための理論的通路を持てないことになる。そしてただひたすら、態度条件説をたよりに、自分は本当に「受容できたか」「共感できたか」「純粋でいられたか」と精神主義的な内省を繰り返すより他に術がなくなるのである。

もちろんすぐれたロジャーズ派心理臨床家であればこれまでも、相手の状態像の的確な見立てに基づく柔軟な治療実践を行ってきたであろうことは言うまでもない。しかしだからといって、そうした治療実践を基礎づける理論装置が不要であることにはならない。

では、われわれはどこにそれを求めうるか。成功するカウンセリングにおいては、クライアントの内部において、「体験過程」「フェルトセンス」「クライアントのクライアント」などと呼ばれているものとの「自問自答」が行われているという観察事実にである。そしてこの観察事実に基づくなら、「クライアント中心」とは、クライアント自身の「体験過程との自問自答」のプロセスを「中心」に据えることとして理解することができる。

その際、次のような再定式化が可能となる。

> 「クライアントセンタード」とは、カウンセリング実践のあらゆる場面を貫く原理である。すなわち、カウンセラーのあらゆる働きかけは、クライエントの内部に彼自身の体験過程との自問自答のプロセスを確立せしめ、クライアント自身が展開するこの体験的プロセスを保護・尊重し促進するために行われるべきだ、という実践原理のことである。

この原則に則るなら、いわゆる見立ての場面においては、「クライアントは自らの体験過程に触れ、問い合わせることができるか」「できるとすればどの程度にか」といった見定めが必要となる。それができなかったり、面接の過程で堂々巡りに陥った場合には、クライアントが自らの体験過程へ問い合わせていくきっかけを与える工夫が必要となる（たとえば、「あなたのお話はよくわかるのですが、それについて実際にどう感じておられるのか今一つわからないのです。……しばらくの間、お話をやめて、その問題についてあなたがどんな『感じ』を持っているのか、その『感じ』に触れてみていただけませんか」と促してみる）。場合によっては、逆に、体験過程と適切な距離を保たしめる工夫が必要となることもある。

いずれにせよ、カウンセラーのあらゆる働きかけは、クライアントが自らの体験過程に触れ、問い合わせ、その暗黙の意味を解明していくプロセスを保護・尊重し、促進するという原理に即して行われていくのである。

そこでは、①クライアントセンタードに旧来から託されてきた本質的意味は、「カウンセリング過程の主導権はカウンセラーにでなく、クライアントの体験的プロセスそれ自体にある」というより実践的な形で継承されている。と同時に、②非指示技法に依存する「形式主義」、態度条件に固執して内省を繰り返す「精神主義」、専ら傾聴するだけの「受け身主義」のいずれからも解放されて、より自由かつ積極的にかかわっていくことが可能になる。

さらに③上述の実践原理に適う仕方であれば、精神分析的解釈であれ、夢分析であれ、オペラント技法であれ、相応の機能を果たすものとして駆使される。つまり、カウンセリングのあらゆる知識や技法の使用可能性に開かれつつ一貫した原理に基づいてかかわることが可能になる。

私は、「クライアントセンタード」概念をこのようなカウンセリングの実践原理として解釈して初めて、この概念が有する本質的意味を、臨床の場において十全に開示することが可能になると考えている。

四　おわりに：日本文化との関係

最後に、日本文化とクライアントセンタードとのかかわりに言及しておく。

ロジャーズのクライアント中心療法は二〇世紀中葉のアメリカの文化的背景において誕生したものであり、それが現代日本と大きく異なることは言うまでもない。また、自我が確立していない日本人の場合「受容」の程度が無際限になってしまいがちだという河合（一九七〇）の批判や、日本文化とロジャーズの間には共に母性的女性的であるという馴染みやすさがあるためにかえって誤解されやすいという村瀬（一九八四）の指摘も妥当であろう。二者関係における自他の区別が曖昧になりがちな日本人の心的傾向に触れ、それに変質を被った来談者中心療法を「非人称的来談者中心療法」と呼び、ロジャーズのそれと区別すべきだという浅井（一九九五）の提言もある。

確かに、ＶＴＲ「グロリアと三人のセラピスト」から見て取れる後期ロジャーズの面接風景では、自分を「わたし（一人称）」、相手を「あなた（二人称）」として明確に意識している様子がうかがえる。同じくＶＴＲを通して知ることのできる佐治守夫の面接において、自らを一人称として表明することがほとんどないのと対照的である。

しかし、このような日本的特性は一概に否定的に評価されるべきだろうか。主語（わたしは）がたびたび省略され、それでも会話が充分に成立する独特の言語構造。自他の区別が意識されにくい心的傾向。これらは、カウンセラーが impersonality に徹し、相手の鏡になりきって、クライアントを「真空」ないし「一人きり」の状態に至らしめる上できわめて有利な文化的特性と見ることもできないだろうか。佐治や友田の面接には、こうした文化的特性が色濃く反映されている。

このように、主語が省略できる日本語の構造は、カウンセラーが impersonality に徹した関係を形成する上で有利な文化的条件と見ることもできる。しかし、自他の区別が曖昧な雰囲気をつくり出すこの同じ文化的条件のために、クライアントと適切な距離を保ったり、その状態像を的確に見定めたりすることの重要性が忘れられがちなこともまた、確かであろう。

こうした文化的問題を踏まえるなら、わが国において「クライアントセンタード」概念をカウンセリングの「実践原理」と解することは、さらに重要な意味を持ってくる。それは、相手を対象化して捉え、その状態像に応じてかかわっていくことの重要性を思い起こさせてくれるからである。

＊本節は拙稿「『クライエントセンタード』概念の再検討――カウンセリングの実践原理として」（「カウンセリング研究」日本カウンセリング学会　二九巻二号二〇－二九頁　一九九六年）を大幅に削除・修正して新たに書き改めたものである。

エピローグ——「心理学者の衣を着た宣教師」ロジャーズ

久能　徹

ロジャーズは厳格なピューリタンの家庭に育まれた。そしてアメリカの「黄金の二〇年代」に多感な青年期を送り、近代主義の洗礼を受けることによってキリスト教から離れていった。その後のロジャーズの〈仕事〉の成り立ちをたどるとき、一人の天才が、あの広大なアメリカ大陸のなかで、みずからの資質と知性とがもっともよく時代の求めに応じることができる場所を感受し、わが身をそこに運び移していった軌跡としてその生涯を描くことができよう。

しかしながら、臨床心理学者ロジャーズの〈仕事〉をたどり見るとき、みずからの実践を通じて定式化してみせた〈臨床的態度〉とは、極まるところキリスト教的〈愛〉と何ら変わるところはなかったし、晩年、世界の紛争地域に乗り込み、憎しみを超えるありようを世界に開示し続けたのも、「善きサマリア人」たることを世界に証しようとする「見えざる国教――アメリカン・プロテスタンティズム」の伝統を一歩もはずれるものではなかったように思えてくる。

ロジャーズの〈精神のかたち〉は、キリスト者のそれそのものではなかったのか? ロジャーズにとって心理学とは、〈近代科学〉を縁取った法衣に過ぎなかったのではなかろうか?

――近代主義者ロジャーズは逝ってしまった。私たちは、魂の癒しを可能にするものが、実は心理臨床の〈知〉を超えたところにあることを、この巨人に指し示されたまま、新しい時代の扉の前に立たされているのだ。

一　ロジャーズにおけるピューリタニズム

第二次世界大戦後、岩崎学術出版社から次々に発刊された「ロージァズ全集」のなかで、ロジャーズを師と仰ぐL・フォックスは、「ロジャーズはクリスチャンであるか」というよく発せられた問いに対し、「彼は、みずからそうであるとは主張しないでしょう。いろいろの宗教の人びとは、彼はクリスチャンであると思っている。もしもキリスト教というものが、宇宙に対する信頼の態度、あるいは人間に対する愛の態度に即して規定されるならば、ロージァスは、クリスチャンである、と私はいいたい」（Fox, 1968：全集第18巻、四一〇頁）と述べていた。しかし、わが国のロジャーズ研究において、ロジャーズにおける宗教の問題に正面からふれたものは近年にいたるまで皆無であったといってよい。

キリスト者であったフォックスは、「人間としての彼のなかに、そして彼の思想のなかには、最善の宗教的精神と深く一致している何かがある」（四〇八頁）と見る。そして七〇年代にいたり、日本に臨床学諸派が流入するなかでうまれ始めたロジャーズ「信仰」の解体のなかで、村瀬らは「彼の言う“Unconditional Positive Regard”と“Empathic Understanding”ということは、限りなく『愛』に近い態度といえないだろうか」（村瀬・保坂、一九九〇）と、はじめてロジャーズがもちいる概念そのものの吟味から、青年期には一度は宗教家を志したという事実の重みに光をあてた。そして筆者は、その後の論議の中で、ロジャーズの「過程連続線（人格と行動の変化過程に関する理論）」と「必要十分条件」とをセットのものとして構成される彼の臨床理論の根底に、自然科学的思考法が厳然として据え置かれていることを明らかにし、さらにM・ヴェーバー（一九〇四－〇五）の論考をもとに、ピューリタニズムがロジャーズの生に対する構えに二つの意味で決定的な影響をあたえていたと考える（久能、一九九六）。

その第一は、「神の救い」の問題を前にした「単独者の内面的な孤立性」である。ピューリタニズムにおいては、神の救いにあずかれるか否かはただ神の選びによる以外にはないとし、この世の何ものも人を救いの道に導き入れることはできないとされる。「人間は永遠の昔から予定されている宿命をめざして、自分一人だけで孤独の道をたどりゆかねばならぬ」（ヴェーバー）のである。西欧近代は、ニーチェに「神は死んだ」と言わしめたとしても、実はこのような「単独者」の意識を強いられる歴史的過程をふんでしまったということが重要なのである。ロジャーズは自伝のなかで次のように表白する。

「後になって、ある人たちが私を詐欺師、無免許で医療行為を行っている人物、浅薄で有害な心理療法の権威、権力欲のかたまり、神秘主義者などとみなしていることを知ったとき、少し動揺を覚えたこともありました。また、極端な賛辞にも同じくらい狼狽しました。しかし、そんなに思いつめはしませんでした。なぜなら、私の行動が正直で徹底していて、オープンで健全なものか、あるいは偽物で防衛的で不健全なものかを知っているのは、（少なくとも私が生きている間は、いや、多分永遠に）一人だけであり、また自分こそその一人であると感じるようになっていたからです。…（中略）…聖書も預言者も、フロイトもリサーチも、神の啓示も人間も、私の直接の体験に勝るものはありません」（Rogers, 1961：主要著作集3巻、二七頁）。

ピューリタニズムはその宗教的情熱を冷却させてもなお、資本蓄積の行為に倫理的な正当化をあたえつづけたのと同じように、それは人が「特別な宗教的原理を信ずること」から離れてしまったとしても、なおも「内面的な孤立性」を精神の構造に深く残存させた。おそらく右で引用したようなロジャーズの「単独者」意識は、プロローグにおいて指摘した彼の「分裂気質」において、よりいっそう際立つことになったのだと考えるほうがより正確であろう。

ロジャーズにおけるピューリタニズムの影響の第二は、自己を取り巻く環界にたいする態度に見られる。再びロジャーズの自伝から引用する。

「次に紹介するのは、より個人的なものです。『**私は体験の中に秩序を見出すのが楽しい**』。それがどんな大きなものであろうと、一群の体験の中に意味や秩序や法則性を求めていくのは、避けがたいことのように思えます。こうした好奇心を探求することに私は大きな満足を見出しています…（中略）…好奇心から私は、心理療法において働いていると思われる一般的な原則を取り出しましたが、これもまた、数冊の著作と多くの論文になりました。好奇心から私は、自分の体験の中で見出したと感じている、さまざまなタイプの法則性を検証するリサーチを行うようになりました」(Rogers, 1961：主要著作集3巻、二八頁)。

ここには自己の経験に対する純化された知的関心がある。ピューリタニズムは唯一絶対の神と個人とが直接的に向き合うこと以外の一切に価値をおかなかったが、そのことはまた、「現世から魔術的な力を廃棄しようとする方向にむかう宗教の発展における偉大な歴史の必然的な帰結に生粋のピューリタンは到達したのだ」(Weber, 1904–05 阿部訳、一八五頁)とヴェーバーは言う。つまり自然からだけでなく、一切の世俗的権威からも人間を解放、世界から一切の魔術を取り去ることによって、世界を認識の対象以外のなにものでもなくしてしまったのである。「自然科学や技術は、人間の知的合理性だけから発生するものではない。むしろ世界に対する人間の態度が重要なのである」と大木(一九六八)がいう事態は、厳格なピューリタニズムのなかにその生を育んだロジャーズの精神にもしっかりと根をおろしていたと見るべきである。

このような意味において、ロジャーズの臨床的方法が実は西欧近代史の基本理念を構成する「近代的個我」と「科学的合理精神」とをゆるぎない基盤としていることには十分な留意が必要である。ロジャーズの方法は「イェス・キリストは神ではなく人間であるという考えが浮かんだ」近代主義者の理論的構築物なのであり、そうした理念へと時代の精神を導いたものこそピューリタニズムであったのである。

しかし、二〇世紀のアメリカ史を通覧するとき、このように近代人ロジャーズという側面だけから彼におけるピューリタニズムを論ずることは、あまりにも射程を大きくとりすぎている。二〇世紀のアメリカを生きぬいたロジャーズという面からロジャーズの宗教性を論ずるためには、父親が学資を餌にしてでもカールに行かせたかった「根本主義」の牙城プリンストン神学校と、カール自身が選びとった「近代主義」の拠点ユニオン神学校との間で交わされたキリスト教神学上の闘いを精密に跡づけるべきであるが、それは今後のロジャーズ研究に待ちたい。

しかしながら、筆者の知見の範囲でつけ加えるとすれば、国境を踏み越えた最晩年のロジャーズの「静かなる革命」

の基底に、アメリカの「見えざる国教」としてのキリスト教が伏流していることだけは指摘しておいたほうがよいであろう。プロローグでも引用したアメリカ史家ブアスティンは、「そもそも最初から、アメリカ人は、自分たちの移住や領土拡張、外交政策、戦争などに高い目標がないとは信じる気になれなかった――そして、その目標をひとつの『使命』ときめるのが普通だった」（Boorstin, 1973　木原訳、二八四頁）と述べている。アメリカが一九世紀末にフロンティアを消滅させる以前から海外布教活動（海外への伝道師派遣や伝道施設の建設、寄付など）を積極的におしすすめていたのもそのためである。

そして二〇世紀中頃には新しい種類の使命感がアメリカの外交政策と政府の海外支出予算を左右するようになった、とブアスティンは言う。本書のプロローグで述べたトルーマン・ドクトリンに基づくマーシャル・プランは「西ヨーロッパのめざましい経済復興、ならびに西ヨーロッパ諸国の共産主義にたいする抵抗を保証するものとして、全面的に支持された。一九五〇年までにマーシャル・プラン諸国の国民総生産が二五パーセントも増えたことを数字は示していた。このようなヨーロッパでの対外援助の成功は、他のどこでも――アジアやアフリカ、ラテン・アメリカ――同じような成果をあげられるという確信を強めた」（同書、三〇二頁）。こうした対外援助を支える「使命感」とは、トルーマン大統領の議会演説に凝縮されたかたちで見ることができる。「これらの地域の人びとの前に、われわれは民主的な生活様式を通して、よりよい未来の約束を差し出す。もっとも大切なことは、そのような約束の意味するものを彼らが日常生活で実感できるよう、速やかな行動をとることである」（同書、三〇三頁）。

ブアスティンはこうしたアメリカの対外援助政策の根底に、先に述べたような世界中にたいして「善きサマリア人」たらんとした一九世紀以来のアメリカ人の世界意識が流れているとしている。典型的ＷＡＳＰであるロジャーズにとって、「静かなる革命」を国境をこえて展開していくことは、このようなアメリカ人の世界にたいする使命感からしても、ごく自然な行動だったのではあるまいか。アメリカのピューリタンの伝統は、当のロジャーズには「使命感」などという大仰な意識すらなく息づいていたのではなかったか。

二　ロジャーズが「今」を生きていたならば

日本の心理臨床は、その生い立ちから多くのものをロジャーズに負っている。とすれば、ロジャーズの生涯の〈仕事〉から何を継承するかについては十分に自覚的であるべきであろう。そしてそのことを自覚する上でも、ロジャーズが生きた〈時代〉についても十分な目配りを欠かすことはできない。彼が得た『時』は、彼の〈仕事〉の軛となった面があるはずであり、そのことの精査は、そうした『時』の制約から解き放たれるべきものを発見することにつながろう。

ロジャーズが、みずからのアプローチに最初は「クライアント・センタード」と銘打ち、後にエンカウンター・グループを展開するようになってからは「パースン・センタード」と改めた。「クライアント・センタード」という形容語句は、他方にセラピストの存在を前提とするものである。そしてこの語句は、クライアントのわずかなこころの軋みも聞き逃すまいとして耳を傾けているロジャーズの姿を彷彿とさせるものを含んでいる。一方「パースン・センタード」なる形容語句においては、そうした密室的な作業としての心理臨床を解体し、複数の他者に囲まれるなかでより自由に自身の感情的プロセスを開放しはじめたロジャーズを感じさせるものとなっている。「パースン」なる語には、「クライアント」と「セラピスト」という役割関係を超えた、人間と人間との出会いへの希求がこめられているように思われる。「クライアント・センタード」におけるロジャーズは、自己を定点として措定し、相手が自己を開示しやすくなるよう、一定の態度的条件を満足すべく努めている姿が見えるが、「パースン・センタード」におけるロジャーズは、自分と相手とが各々一人の「パースン」として、全き対等なものとして向かい合おうとしているように見える。

ではもしロジャーズが今もなお生きていたとしたら、今度は何にたいして「センタード」と付すであろうか。

そのことを考えるには、ロジャーズが没してからのアメリカ社会を見ればよい。二〇世紀を一〇年ほど残すばかりとなったとき、東西ベルリンを隔てていた壁が崩壊、ソビエト連邦も解体してしまった。世界は新たな秩序の構築にむけて未曾有の激動の『時』を迎えた。と同時に、情報通信の高度化が経済のグローバル化に拍車をかけている。そうしたなかでアジア世界の近代化への「離陸」が凄まじい勢いではじまり、アジアの十数億の民が開放経済にむかって疾走しはじめた。二〇世紀のアメリカの眼が基本的には大西洋に向けられていたとすれば、二一世紀にその眼は太平洋に転じざるを得なくなっている。

そしてもう一つの大きな展開がある。「地球環境問題」である。ロジャーズが死去した翌一九八八年、アメリカ上院公聴会でNASAゴッダード研究所のJ・ハンセンがセンセーショナルな証言を行った。大気中の二酸化炭素の濃度増大による温室効果によって地球の温暖化が九九パーセントの確率ではじまっている、との証言である。この発言はマスコミが一斉に取り上げることとなった(米本、一九九四)。もしアジアの十数億の民が、先進諸国におけるがごとくに自動車を走らせはじめたら一体この地球環境はどうなるのであろうか。しかしながら日本を含む先進諸国は、近代化後発諸国の人々に地球環境保持のためにコスト支出を強いる根拠をすでに失っている。自分たちが十二分に享受した〈近代化〉による物質的恩恵を、他の後発国の人々には制限をくわえるということなどできるはずがないのである。二一世紀には森林の加速度的減少と逆比例の砂漠化問題、人口爆発と食糧危機の問題がより深刻化し、人間にとっての〈自然〉をめぐって世界的な論議が広がっていかざるを得ないのである。

このような『時』にいたったならば、ロジャーズは「パースン・センタード」からさらに進み、「ネイチャー・センタード」という名辞をみずからのアプローチに冠したのではなかろうか。

つまりはこうである。結局のところ〈近代〉は、自然から魔術をはぎとり、地上の支配者として人間を君臨させ、一人ひとり命ある者としての讃歌をうたいあげた。しかし神を失った人間は、みずからが神となって土から掘り起こしたものに手を加え、決して二度と土には還すことのできないものまで創りだし、果てはみずからが棲む惑星の秩序すら壊しはじめてしまった。この時にいたり、人間はおのれの業（わざ）の結果を目の当たりにし、はじめて人間が自然の秩序を支配しうるものではなく、人間もまた自然の一部として存在していることに気がついた。パーソン（人間）を中心におくことは誤りだったのである。ならば「今」は、人間のすべての営みをネイチャー（自然）を中心とすることによって〈近代〉そのものを超える道を探す以外にないのである。

三　臨床家の〈使命〉とは何か

では「ネイチャー・センタード」とは、心理臨床家にとってはどのような内実をもったものとしてありうるのか。すでに繰り返し述べてきたように、〈近代〉とは、つまるところ人間を地上の支配者として君臨させ、物質的欲望の無限解放を是とするパラダイムによってつき動かされてきた歴史的画期であった。プロローグにおいて、ロジャーズのパーソナリティをエロス的構造という観点から検討した。そこで筆者が作業仮説として抽出してみせた、〈経済〉、〈性〉、〈暴力〉、〈知〉という四つのエロス的要素は、金と女（男）と権力と学歴、という世俗な欲望に言い換えてもいっこうに差し支えない。つまり〈近代化〉とは、そのように発露する人間のエロス性を物質的生産力向上の駆動力として無限に解放することであり、〈民主化〉とは、それ以前にはごく一部の人間（王侯を中心とする権力者の群れ）のみが享受してきたこれらの現世的愉楽を、限りなく多くの人間に分配することを目指していたと言ってよい。とすれば、「ネイチャー・センタード」なる理念においては、まずもって〈近代〉を可能ならしめた人間の〈精神のかたち〉そのものの転換が図られなければならないことになる。

同時に、このことと表裏の関係にあるのだが、「ネイチャー・センタード」なる理念は、近代の〈自然〉観をも原理的に再考するという課題に直面させることになる。そもそも〈近代〉において、人間の欲望が無限に解放されうるのは、人間の精神が働きかける対象としての〈自然〉から、いっさいの〈魔術〉が拭い去られた、という態度が前提として存在する。だから人間は安んじて〈自然〉を支配の対象物として措定できた。そこには〈自然〉に対する畏怖のかけらもないからである。

したがって「近代の自然観をも原理的に再考する」というときには、諸富（一九九六）が近年の生命倫理をめぐる世界的な論議を整理するなかで述べているように、「動物はもちろん、植物、昆虫、細菌やアメーバの生命ですら、人間の生命と同じ重みを持つものとして尊重しなければならなくなる」ことが原理的にどこまで一貫性をもって主張できるのか、を問うことと等しい。その点で第Ⅳ部で諸富が指摘する「トランスパーソナリスト・ロジャーズ」の視点は改めて十分な検討に値しよう。

このことは、日本に生きる私たちにとっては、日本思想の根底において〈自然〉を考えることを迫るものである。というのも私たちは、「諸事象の存する現象世界をそのまま絶対者と見なし、現象をはなれた境地に絶対者を認めようとする立場を拒絶するにいたる傾き」（中村、一九八八）をもった民族だからである。実のところ、「ネイチャー・センタード」なる理念は、この世の生生流転の現象世界のいっさいが絶対的な意義をもつ日本的諦念の世界（「何とかなるさ」と「どうにもならんさ」との反復的な揺れ）へと容易に（安易に）誘うものであるからだ。でなければ、もう一つの精神の悪癖である日本的熱狂主義が巻き起こり、いっさいの政治・経済的リアリティを喪失させてエコロジカル・ファッショへと人々を駆り立てるのが関の山である。こうした〈自然〉に対する態度と近代日本における欲望の無限解放との内的連関は本書の範囲を超えるのでこれ以上は触れない。

「ネイチャー・センタード」なる理念の内実を問う、というのが本項冒頭の命題であった。以上にのべたことを前提にすればおそらく筋道としてはこうなる。

先に〈近代〉とは、世俗的欲望として発露する人間のエロス性を物質的生産力の駆動因として解放することを是とする歴史的画期であった、と述べた。しかしながら、ほんらい人間のもつエロス性は、この世で生き延びるための金をうるためにのみあったのか。性は相手を物化することによってほんとうに充足されうるものなのか。社会は特定の人間群が権力をにぎることによってはじめて維持されるものであるか。知は人と自然を支配することに奉仕するためにあったのか。

このような疑問にこころが満たされている人間群にとって、〈近代〉とはまことに生きにくい『時』であった。このような〈近代〉において、心理臨床学なる実践科学が勢力を得たのはけっして偶然ではない。それは〈近代〉なるものに協和できない精神のありようを〈病〉として理論的に弾きだすことに力を注いだ。だから、私たちは、臨床現場で出会う多くの人々のこころが、実はこのような疑問に溢れかえっているのを識っているのだ。

だがほんとうは、その学を担う心理臨床家という人間群は、どこかでみずからがその〈病〉を身に負うていることを識っている。だからこそ「クライアント」と呼ばれる人間群とのあいだに「共感的理解」が成立しうるのだ。そして「無条件の肯定的配慮」とは、〈近代〉への適応という時代の条件に痛めつけられずに保持している己が情愛のいっさいを、相手の心的世界の荒れにたいして注ぎこむことを意味している。また臨床家の「自己一致」とは、人が痛んだこころを抱えながらも生き抜くことが可能であることを、己が身をもって相手に証することにほかならない。おそらく、ロジャーズの弟子を自認するL・フォックスが、師ロジャーズに宗教性を感じとったとすれば、一人の傷ついた人間を前にして、そのような接し方をなしえているのを目撃してのことであったにちがいない。

臨床家とは、社会という名の〈共同性〉と、そこから弾きだされた心性との〈媒介者〉として位置している。その限りにおいてほんらい臨床家は、こうした〈共同性〉との距離関係のなかではあらゆる〈信仰者〉と同じ位置に身をおいている。諸富（久能、一九九六）が、クライアント・センタードなる概念はエロス性を帯びた概念であるとするのに対し、それはむしろ宗教性を帯びた概念であると筆者が指摘（久能、一九九六）するのはその意味においてであり、フォックスがロジャーズのなかに見抜いた事態もそのことを指してのことだったにちがいない。

ロジャーズの臨床的方法は、〈暴力（権力）のエロス〉を排除することによってはじめて成立するものであった。彼のパーソナリティのエロス的構造がもともと他者を支配せんとする衝動を排除するものであったからこそ、カウンセリング過程の主導権をクライアントの体験的プロセスに委ねるという、第Ⅳ部で諸富が抽出するような実践原理を体現することが可能であったのである。そしてそのようにもって生まれたエロス的構造を土台とし、彼の〈知のエロス〉と〈経済のエロス〉とは、あげて彼の〈性のエロス〉を臨床的行為のなかで解放するために動員されたのだ。こうした構造こそが、彼をして前記の意味における〈信仰者〉としての位置を保持しつづけさせたのであり、彼の生涯を貫く〈巧まざる過激性〉の根拠がここにあったと言える。

だが、彼が『時の翼』に乗りながら切り開いた職業的領野につづいて参入してきた私たちは、多くの場合、そのようなエロス的構造に恵まれているわけでは決してない。だからこそやすやすと「社会的安定装置」のパーツとして機能しはじめることになる。「診断」と名づけられる知的裁断のうらがわには労働生産性なる尺度を忍びこませ、ほんとうはみずからが傷ついている性的関係を面接場面のなかで補償しているにもかかわらず癒しの役を果していると錯覚し、「学閥」なる社会的権威の序列に加われるかどうかにひそやかに一喜一憂し、そこから外れることによる己が経済生活の困難に予期的不安を抱いてしまうのだ。こうしたことが、第Ⅳ部で保坂が指摘する臨床的行為の「うさんくささ」を醸しだすことになる。

ならば、ロジャーズのようなエロス的構造に恵まれているわけではない私たちが〈ロジャーズなるもの〉を継承しようとするときに何が課題となるのか。

臨床家とは、ほんらい〈共同性〉との距離関係においてはあらゆる〈信仰者〉と同じ位置に身をおいている、と述べた。ただしそのことは、ただちに内実において〈信仰者〉であることを保証しない。もし私たちが「ネイチャー・センタード」を標榜することにおいて〈ロジャーズなるもの〉を継承しようとするならば、「ネイチャー（自然）」の支配に向かう（私という）人間の物質的欲望そのもののありようを問題にせざるを得なくなる。こうした現世的欲望は、おそらくすべての〈信仰〉において、ほんらい厳しく見つめることが求められているはずのものである。

たとえば仏教における「五戒」、すなわち不殺生戒、不偸盗戒、不邪淫戒、不妄言戒、不飲酒戒のうち前四者は、おそらく〈暴力〉、〈経済〉、〈性〉、〈知〉のエロスを倫理的に制御させるためのものである。そして五戒の最後に不飲酒戒をおくのは、四つの戒の根源に、「自分に酔う」こと、言い換えればナルシシズム的自己肯定の制御こそを究極の戒としておくべきことを表徴している。

心理臨床家みずからがこのような物質的欲望を〈浄化〉するという内面的課題を我れと我が身に課しうるのならば、そのとき初めて〈自然〉はまったく別の相貌を顕しはじめる。〈自然〉を通じて〈聖〉なるものが、無限のメッセージを送りつづけていることを発見することになる。たとえば松長（一九九一）は次のようにいう。

「現代人は永く人びとの間で信奉されてきた水に生命があるという考えを捨て、生命をもたぬ物体として水を取り扱う習慣を身につけてしまった。水は生きており、それは宇宙生命の一つの象徴、つまり如来の三昧耶身だとみる密教の思想は、いま現代社会に大きな警告を発している。密教では水だけではなく、大地も、太陽も、風も、大空も、いずれもわれわれと同じく生命をもち、互いに密接な関連を保ちながら地球上の動植物を活かし、またそれらによって生かされている」と捉える。

〈自然〉をそのように観ずることができるまでに、自身の物質的欲望を〈浄化〉することができたとき、人間の癒しなる業（わざ）も、じつはこの〈聖〉なるもののはたらきによるものであることに思い至らせ、心理臨床家は己がナルシシズムに酔いしれることから免れることもできよう。心理臨床家の〈使命〉などというものは、そのことを措いて成立するはずがないのであり、そこにおいてこそ国家権力による〈資格〉などは無化されるにちがいないのだ。

本書第Ⅲ部で諸富が指摘する晩年のトランスパーソナリスト・ロジャーズは、こうした〈聖〉なるものに向かいつつあったのではないか。私たちは、魂の癒しを可能にするものが、実は心理臨床の〈知〉を超えたところにあることを、この巨人に指し示されたまま、新しい時代の扉の前に立たされていると言えまいか。そうであるならば、〈近代〉の終焉にある『今』、私たちがロジャーズという歴史的個性を得ていたことは、まことに〈恵み〉であったとしなければならない。

文　献

Boorstin, D. J., 1973, The Americans : The Democratic Experience. Random House.（木原武一訳　一九七六　『アメリカ人——大量消費社会の生活と文化（下）』　河出書房新社）

Brazier, D. (ed.), 1993, Beyond Carl Rogers : Towards a Psychotherapy for the 21st Century. Constable.

Brodley, B. T., 1990, Client-centered and experiential : Two different therapies. In : Lietaer, G., Rombauts, J. & Van Balen, R. (eds.), Client-Centered and Experiential Psychotherapy in the Nineties. Leuvan University Press, pp. 87–107.

Buber, M., 1960, Dialogue between Martin Buber and C. R. Rogers. Psychologia, pp. 208–221.（「マルチン・ブーバーとカール・ロージァズとの対話」　村山正治編訳　一九六七　『人間論』　全集第12巻　岩崎学術出版社）

Buber, M., 1957, Ich und Du. Insel Verlag.（田口義弘訳　一九七八　『我と汝・対話』　みすず書房　三一－一八〇頁）

Alistair, C., 1973, Alistair Cooke's America.（鈴木健次・櫻井元雄訳　一九九四　『アリステア・クックのアメリカ史（下）』日本放送出版協会）

Evans, R., 1975, Carl Rogers : The Man and his Ideas. E. P. Dutton.

Farson, R., 1974, Carl Rogers, Quiet Revolutionary. Education, 95(2).（「静かな革命家カール・ロジャーズ」　畠瀬稔監修・金沢カウンセリングセンター訳　一九八〇　『エデュケーション』　関西カウンセリングセンター　二一五－二二八頁）

Ferenczi, S. & Rank, O., 1986, The Development of Psycho-analysis. International University Press. (Original work published 1924)

Fox, J. L., 1968, 伊東博訳　「ロジャーズと私」（友田不二男他編　一九六八　『わが国のクライエント中心療法の研究』　全集第18巻　岩崎学術出版社）

Frankl, V. E., 1951, Logos und Existenz. Amandus Verlag.（佐野利勝・木村敏訳　一九六二　「ロゴスと実存」『フランクル著作集7　識られざる神』　みすず書房　一〇七－二〇七頁）

Gendlin, E. T., 1962, Experiencing and the Creation of Meaning. Free Press.（筒井健雄訳　『体験過程と意味の創造』　ぶっく

東京　一九九三）
Gendlin, E. T., 1984, Client's client : The edge of awareness. In : Levant, R. F. & Shlien, J. M. (eds.), Client-Centered Therapy and the Person-Centered Approach : New Directions in Theory, Research and Practice. Praeger Publishers, pp. 76–107.

Gendlin, E. T., 1988, Carl Rogers. American Psychologist, 43 (2), p. 128.

Gendlin, E. T., 1992, Thinking beyond patterns : Body, language, and situations. In : den Ouden, B. & Moen, M. (eds.), The Presence of Feeling in Thought. Peter Lang.

George, R. L. & Cristiani, T. S., 1995, Counseling : Theory and Practice (4th ed). Allyn and Bacon.

Harper, P., 1994, A spectrum of psychological therapies for children. In : Clarkson, P. & Pokorny, M. (eds.), The Handbook of Psychotherapy. Routledge.

Hutterer, R., Pawlowsky, G., Schmid, P. F. & Stipsits, R. (eds.), 1996, Client-centered and Experiential Psychotherapy : A Paradigm in Motion. Peter Lang.

Kalmthout, M. A. V., 1995, The religious dimension of Rogers' work. Journal of Humanistic Psychology, 35 (4), pp. 23–39.

Kirschenbaum, H., 1979, On Becoming Carl Rogers. Delacarte Press.

Kramer, R., 1995, The birth of client-centered therapy : Carl Rogers, Otto Rank, and "the beyond". Journal of Humanistic Psychology, 35 (4), pp. 54–110.

May, R., 1982, The problem of evil : An open letter to Carl Rogers. Journal of Humanistic Psychology, 22 (3), pp. 10–21.

Nelson-Jones, R., 1995, The Theory and Practice of Counseling (2nd ed.). Cassell.

O'Hara, M., 1995, Carl Rogers : Scientist and mystic. Journal of Humanistic Psychology, 35 (4), pp. 40–53.

Rank, O., 1978, Will Therapy : An Analysis of the Therapeutic Process in Terms of Relationship (J. Taft, Trans.). Norton. (Original work published 1936)

Rank, O., 1994, The Trauma of Birth. Dover. (Original work published 1924)

Richmond, M. E., 1922, What Is Social Case Work? : An Introductory Description. Russell Sage Foundation. （小松源助訳

一九九一『ソーシャル・ケース・ワークとは何か』中央法規出版）
Rogers, C. R., 1939, The Clinical Treatment of the Problem Child. Houghton Mifflin.（堀淑昭編　小野修訳　一九六六『問題児の治療』全集第一巻　岩崎学術出版社）
Rogers, C. R., 1942, Counseling and Psychotherapy : Newer Concepts in Practice. Houghton Mifflin.（末武康弘・保坂亨・諸富祥彦共訳　二〇〇五『カウンセリングと心理療法――実践のための新しい概念』ロジャーズ主要著作集1巻　岩崎学術出版社）
Rogers, C. R. & Wallen, J. L., 1946, Counseling with Returned Servicemen. McGraw-Hill.（手塚郁恵訳「復員兵とのカウンセリング」友田不二男編訳　一九六七『カウンセリングの立場』全集第11巻　岩崎学術出版社）
Rogers, C. R., 1951, Client-Centered Therapy. Houghton Mifflin.（保坂亨・諸富祥彦・末武康弘共訳　二〇〇五『クライアント中心療法』ロジャーズ主要著作集2巻　岩崎学術出版社）
Rogers, C. R., 1951, A theory of personality and behavior. In : Client-Centered Therapy. Houghton Mifflin.（「パースナリティと行動についての一理論」伊東博編訳　一九六七『パースナリティ理論』全集第8巻　岩崎学術出版社）
Rogers, C. R., 1952, A personal formulation of client-centered therapy.（「クライエント中心療法の私的な記述」伊東博編訳　一九六七『クライエント中心療法の初期の発展』全集第14巻　岩崎学術出版社）
Rogers, C. R. & Dymond, R. F., 1954, Psychotherapy and Personality Change. University of Chicago.（友田不二夫編訳　一九六七『成功・失敗事例の研究』『パースナリティの変化』全集第10、13巻　岩崎学術出版社）
Rogers, C. R., 1957, A note on the nature of man. Journal of Counseling Psychology, 4, pp. 199–203.（「人間の本質について」村山正治編訳　一九六七『人間論』全集第12巻　岩崎学術出版社）
Rogers, C. R., 1957, The necessary and sufficient conditions of therapeutic personality change. Journal of Consulting Psychology, 21, pp. 95–103.（「パースナリティ変化の必要にして十分な条件」伊東博編訳　一九六六『サイコセラピィの過程』全集第4巻　岩崎学術出版社）
Rogers, C. R., 1958, The characteristics of helping relationship. In : Kirschembaum, H. & Henderson, V. L. (eds.), 1989, The

Carl Rogers Reader. Constable, pp. 108–126.

Rogers, C. R., 1959, A theory of therapy, personality and interpersonal relationships as developed in the client-centered framework. In : Koch, S. (ed.), Psychology : A Study of a Science Ⅲ. McGraw-Hill.（「クライエント中心療法の立場から発展したセラピィ、パースナリティおよび対人関係の理論」 伊東博編訳 一九六七 『パースナリティ理論』 全集第8巻 岩崎学術出版社）

Rogers, C. R., 1960, Significant trends in the client-centered orientation. In : Progress in Clinical Psychology, pp. 85–99.（「クライエント中心的立場の特徴」 伊東博編訳 一九六八 『クライエント中心療法の最近の発展』 全集第15巻 岩崎学術出版社）

Rogers, C. R., 1960, Dialogue between Martin Buber and C. R. Rogers. Psychologia, pp. 208–221.（「マルチン・ブーバーとカール・ロージァズとの対話」 村山正治編訳 一九六七 『人間論』 全集第12巻 岩崎学術出版社）

Rogers, C. R., 1961, Two divergent trends. In : Rollo May (ed.), Existential Psychology. Random House.（「二つの背反する傾向」 伊東博編訳 一九六八 『クライエント中心療法の最近の発展』 全集第15巻 岩崎学術出版社）

Rogers, C. R., 1961, On Becoming a Person. Houghton Mifflin.（諸富祥彦・末武康弘・保坂亨共訳 二〇〇五 『ロジャーズが語る自己実現の道』 ロジャーズ主要著作集3巻 岩崎学術出版社）

Rogers, C. R., 1961, “This is Me”: The development of my professional thinking and personal philosophy. In : On Becoming a Person. Houghton Mifflin.（「『これが私です』――私の専門家としての思考と人生哲学の発展」 諸富祥彦・末武康弘・保坂亨共訳 二〇〇五 『ロジャーズが語る自己実現の道』 ロジャーズ主要著作集3巻 岩崎学術出版社）

Rogers, C. R., 1962, Some learning from a study of psychotherapy with schizophrenics. In : Pennsylvania Psychiatry Quartation, Summer, 3–15.（「分裂症者とのサイコセラピィの研究から学んだこと」 伊東博編訳 一九六八 『クライエント中心療法の最近の発展』 全集第15巻 岩崎学術出版社）

Rogers, C. R., 1963, The concept of fully functioning person. In : Psychotherapy : Theory, Research and Practice, 1, pp. 17–26.（「十分に機能している人間」 村山正治編訳 一九六七 『人間論』 全集第12巻 岩崎学術出版社）

Rogers, C. R., 1964, Client-centered therapy.（「クライエント中心療法」 伊東博編訳　一九六八 『クライエント中心療法の最近の発展』 全集第15巻　岩崎学術出版社）
Rogers, C. R., 1966, Autobiography. In : Borning, E. G. & Lindzey, G. (eds.), A History of Psychology in Autobiography. Appleton-Century-Crohts.（「ロジャーズ」 村山正治訳、佐藤幸治・安宅孝治編　一九七五 『現代心理学の系譜I――その人と学説と』 岩崎学術出版社）
Rogers, C. R., Gendlin, E. T., Kiesler, D. J. & Truax, C. B. (eds.), 1967, The Therapeutic Relationship and Its Impact : A Study of Psychotherapy with Schizophrenics. University of Wisconsin Press.（友田不二夫編訳　一九七二 『サイコセラピィの研究』 全集第19巻、古屋健治編訳　一九七二 『サイコセラピィの成果』 全集第20巻、伊東博編訳　一九七二 『サイコセラピィの実践』 全集第21巻　岩崎学術出版社）
Rogers, C. R., 1967, A silent young man. In : The Therapeutic Relationship and Its Impact. University of Wisconsin Press.（「沈黙の青年」 伊東博編訳　一九七二 『サイコセラピィの実践』 全集第21巻　岩崎学術出版社）
Rogers, C. R., 1969, Freedom to Learn : A View of What Education Might Become. Charles E. Merril Publishing Company.（友田不二男編　伊東博他訳　一九七二 『創造への教育 上』 全集第22巻　岩崎学術出版社、友田不二男編　手塚郁恵訳　一九七二 『創造への教育 下』 全集第23巻　岩崎学術出版社）
Rogers, C. R., 1970, Carl Rogers on Encounter Groups. Pelican Books.（畠瀬稔・畠瀬直子訳　一九七三 『エンカウンター・グループ』 ダイヤモンド社）
Rogers, C. R., 1972, On Becoming Partners : Marriage and Its Alternative. Delacorte.（村山正治・村山尚子訳　一九八二 『結婚革命　パートナーになること』 サイマル出版会）
Rogers, C. R., 1977, On Personal Power : Inner Strength and Its Revolutionary Impact. Dell Publishing Co.（畠瀬稔・畠瀬直子訳　一九八〇 『人間の潜在力』 創元社）
Rogers, C. R., 1980, A Way of Being. Houghton Mifflin.（畠瀬直子監訳　一九八四 『人間尊重の心理学』 創元社）
Rogers, C. R., 1981, Notes on Rollo May, Perspectives, Summer, 2(1).

Rogers, C. R., 1982, A psychologist looks at Nuclear War : Its threat, its possible prevention. Journal of Humanistic Psychology, 22(4), pp. 9–20.（畠瀬直子訳　一九八六「核による自滅に代わる一つの道」畠瀬直子・畠瀬稔・村山正治編『カール・ロジャーズとともに』創元社　二三八－二七二頁）

Rogers, C. R., 1982, Reply to May's letter. Journal of Humanistic Psychology, 22(4), pp. 85–89.

Rogers, C. R., 1983, Conversations with Carl Rogers [Videotape]. Producted by the Encinitas Center for Family and Personal Development.

Rogers, C. R., 1983, Freedom to Learn for the 80's. Charles E. Merril Publishing Company.（友田不二男監訳　一九八四『新・創造への教育1　自由の教室』、伊東博監訳　一九八五『新・創造への教育2　人間中心の教師』、友田不二男監訳　一九八五『新・創造への教育3　教育への挑戦』岩崎学術出版社）

Rogers, C. R., 1986, A client-centered / person-centered approach to therapy, In : Kutash, I. L. and Wolf, A. (eds.), Psychotherapist's Casebook. Jossey-Bass, pp. 197–208.

Rogers, C. R., 1986, The Rust workshop : A personal overview. Journal of Humanistic Psychology, 26(3), pp. 23–45.

Sollod, R. N., 1978, Carl Rogers and the origins of client-centered therapy. Professional Psychology, 9, pp. 93–104.

Thorne, B., 1992, Carl Rogers. Sage Publications.

Weber, M., 1904–05, Die protestantische Ethik und der 》Geist《 des Kapitalismus.（「プロテスタンティズムの倫理と資本主義の『精神』」阿部行蔵訳　一九六五『ヴェーバー政治・社会論集』世界の大思想第23巻　河出書房）

赤田照代・伊東博・岩下栄次・友田不二男・宮森幸雄　一九六五「座談会　カウンセリング・未来への志向」『カウンセリングの展望』誠信書房　九四－一〇六頁

浅井直樹　一九九五「来談者中心療法と日本人の心性――カウンセラーの非人称性（impersonality）を中心に」修士論文（慶応義塾大学社会学研究科）

池見　陽　一九九五『心のメッセージを聴く――実感が語る心理学』講談社

一番ケ瀬康子　一九六三『アメリカ社会福祉発達史』光生館

大木英夫　一九六八『ピューリタン』中央公論社
岡田敬司　一九九三「ロジャーズの理論」『かかわりの教育学――教育役割くずし理論』ミネルヴァ書房　一六九－一八五頁
小沢牧子　一九八七「心理臨床家の『資格制度』と『専門性』」臨床心理学研究二四巻一号、五八－六八頁
越智浩二郎　一九九〇「あたりまえのつきあいと専門性」臨床心理学研究二七巻四号、四九－五二頁
越智浩二郎　一九九五「症状の意味」臨床心理学研究　三二巻－三三巻
河合隼雄　一九七〇「日本における心理療法の発展とロジャース理論の意義」教育と医学　一八巻一号、一一－一六頁
河合隼雄　一九七五『カウンセリングと人間性』創元社
河合隼雄　一九八六「心理療法における『受容』と『対決』」『心理療法論考』新曜社
久能　徹　一九九六『ロジャーズとロジャーリアン』日本カウンセリングセンター
久能徹・末武康弘・保坂亨・諸富祥彦・横田正雄　一九九四「『ロジャーズとロジャーリアン』をめぐって（上）（下）」臨床心理学研究　三二巻一号、三二頁（久能徹　一九九六『ロジャーズとロジャーリアン』日本カウンセリングセンター）
小谷英文　一九七二「Rogersのカウンセリング技法論の再構成とその発展的考察」広島大学大学院教育学研究科修士論文抄
佐治守夫　一九九二『改訂版カウンセリング』日本放送出版協会
佐治守夫・飯長喜一郎編　一九八三『ロジャーズ　クライエント中心療法』有斐閣
佐治守夫・保坂亨・岡村達也　一九九六『カウンセリングを学ぶ』東京大学出版会
佐藤三郎　一九七六「実験主義における人間像」大浦猛編『人間像の探究』第一法規　一〇四－一一七頁
猿谷　要　一九九一『物語アメリカの歴史――超大国の行方』中央公論社
清水博編　一九八六『アメリカ史（増補改定版）』世界各国史第8巻　山川出版社
末武康弘　一九八六「人格およびその変化をめぐる理論的課題――ロジャーズ派人格理論の推移の検討を中心として」教育方法学研究　第7集、一三七－一五九頁
都留春夫　一九七七「最近のC・ロジャース」河合隼雄他編『臨床心理ケース研究1』誠信書房　一九一－二〇五頁
土居健郎　一九七七『方法としての面接』医学書院

友田不二男・伊東博・佐治守夫・堀淑昭　一九六八「(座談会)カウンセリングをめぐって」友田不二男・伊東博・佐治守夫・堀淑昭編『わが国のクライエント中心療法の研究』全集第18巻　岩崎学術出版社
友田不二男　一九六八「ロージァズと私」友田不二男・伊東博・佐治守夫・堀淑昭編『わが国のクライエント中心療法の研究』全集第18巻　岩崎学術出版社　三七五－三八八頁
友田不二男　一九七〇「Ⅱ東北金属工業での講演(1)聖人は仁にあらず」友田不二男監修『友田不二男カウンセリング講演集　みちのく1』全日本カウンセリング協議会出版部　四一－七九頁
豊根暁彦　一九七四『アメリカ教会史』日本基督教団出版部
中村　元　一九八八『東洋人の思惟方法3』中村元選集第3巻　春秋社
野村文子　一九九二「アメリカ宗教の原風景――コロンブスよ、さようなら」(井門富士夫編『アメリカの宗教――多民族社会の世界観　USA GUIDE 8　RELIGION』弘文堂)
畠瀬　稔　一九八八「心理臨床の今日的課題を問う――C・R・ロジャースが遺したものからの出発」(村上英治編　心理臨床学会名古屋大会シンポジウム記録)
畠瀬直子・畠瀬稔・村山正治編　一九八六『カール・ロジャーズとともに』創元社
畠瀬　稔　一九九〇『エンカウンター・グループと心理的成長』創元社
平木典子　一九八四『カウンセリングの話』光村図書
保坂　亨　一九八八「クライエント中心療法の再検討」心理臨床学研究　六巻一号、四二－五一頁
保坂　亨　一九九〇「各派から見た青年期治療：来談者中心療法の立場から」馬場謙一編『増補青年期の精神療法』弘文堂
本間長世・有賀貞編　一九八〇『アメリカ研究入門(第2版)』東京大学出版会
松長有慶　一九九一『密教』岩波新書
無藤清子　一九八四「青年の安定と探究そして心理療法」村瀬他編『心理臨床の探究』有斐閣
村瀬孝雄　一九七八「患者中心療法」『現代精神医学大系5－A　精神科治療学Ⅰ』中山書店、二六七－二九一頁
村瀬孝雄　一九八四「いかに為すべきか、いかに在るべきか――ロジャースの人間観について」村瀬孝雄他編『心理臨床の探

究――ロジャースからの出立』 二一－四〇頁 有斐閣

村瀬孝雄・保坂亨 一九九〇 「ロジャーズ」 小川捷之・福島章・村瀬孝雄編 『臨床心理学体系第一六巻 臨床心理学の先駆者たち』 金子書房 七七－一〇八頁

村山正治 一九九三 「世界平和へのパーソンセンタードアプローチ」 村山正治 『エンカウンターグループとコミュニティ』 ナカニシヤ出版 一〇四－一一七頁

森岡正芳 一九九一 「ロジャーズ理論再考（1）――「非人称性」の視点」 天理大学学報 一六六号、二三七－二五四頁

諸富祥彦 一九九四 「〈真空〉における人格変化――友田不二男氏が捉えたクライエント・センタードの本質」 カウンセリング研究（日本カウンセリングセンター） 第一三号 六二－七一頁

諸富祥彦 一九九五 「言語・国家・世代・東西――『第三回クライエント中心療法及び体験的心理療法国際会議』と『インタナショナル・エンカウンター』の報告」 Encounter, 第二〇号、三三－三九頁

諸富祥彦 一九九六 「『クライエントセンタード』概念の再検討――カウンセリングの実践原理として」 カウンセリング研究（日本カウンセリング学会） 二九巻二号、一一〇－一一九頁

諸富祥彦 一九九六 『カウンセラーが語る自分を変える〈哲学〉』 教育開発研究所

諸富祥彦 一九九七 「トランスパーソナリストとしてのカール・ロジャーズ」 『トランスパーソナル学2』 雲母書房 一一九－一二三頁

諸富祥彦 一九九七 「『小さな悟り』のカウンセリング――わが国のロジャーズ派心理臨床家にみるトランスパーソナル・カウンセリングの可能性」 『トランスパーソナル学2』 雲母書房 七五－八七頁

吉田敦彦 一九九〇 「ロジャーズに対するブーバーの異議――援助的関係における『対等性』と『受容』の問題をめぐって――」 教育哲学研究 第六二号、三二－四六頁

米本昌平 一九九四 『地球環境問題とは何か』 岩波書店

著者略歴

久能　徹（くのう　とおる）：プロローグ，エピローグ
1948年　神奈川県に生まれる
1973年　国際基督教大学教養学部教育学科卒業
1975年　立教大学大学院社会学研究科修士課程卒業
1975年　医療法人社団直樹会磯ヶ谷病院精神科心理室カウンセラー
1980年　学校法人産業能率大学（現：産能大学）経営管理研究所研究員
2005年　同上退職
現　在　国際産業心理研究所所長
主　著　『ロジャーズとロジャーリアン』（1996，日本カウンセリングセンター）

末武　康弘（すえたけ　やすひろ）：第Ⅰ部，第Ⅳ部１章
1959年　長崎県に生まれる
1989年　筑波大学大学院博士課程教育学研究科満期退学
1989年　女子美術大学専任講師，1991年より助教授
1992年　明治学院大学文学部専任講師，1993年より助教授
1996年　法政大学文学部助教授
2001年　法政大学現代福祉学部助教授
2002年　法政大学大学院人間社会研究科臨床心理学専攻助教授を兼務
現　在　法政大学現代福祉学部・大学院人間社会研究科教授
主　著　『ロジャーズを読む』（共著，1997，岩崎学術出版社）。『楽しく学ぶこころのワークブック』（共著，1997，学術図書出版社）。『産業カウンセリング事例に学ぶ』（共著，1999，日本産業カウンセラー協会）。『心理療法を学ぶ（改訂版）』（分担執筆，2000，有斐閣）。『臨床心理面接演習』（分担執筆，2004，培風館）。『ロジャーズ主要著作集１　カウンセリングと心理療法』（共訳，2005，岩崎学術出版社）。

保坂　亨（ほさか　とおる）：第Ⅱ部，第Ⅳ部２章
1956年　東京都に生まれる
1983年　東京大学大学院教育学研究科教育心理学専攻第１種博士課程中退
1983年　東京大学学生相談所相談員
1989年　千葉大学教育学部講師（教育心理学研究室）
1992年　千葉大学教育学部助教授
現　在　千葉大学教育学部附属教育実践総合センター教授，博士（教育学）
主　著　『ロジャーズを読む』（共著，1997，岩崎学術出版社）。『学校を欠席する子どもたち』（2000，東京大学出版会）。『子どもの成長　教師の成長』（共編著，2000，東京大学出版会）。『心理学マニュアル　面接法』（共編著，2000，北大路書房）。『ロジャーズ主要著作集２　クライアント中心療法』（共訳，2005，岩崎学術出版社）。

諸富　祥彦（もろとみ　よしひこ）：第Ⅲ部，第Ⅳ部３章
1963年　福岡県に生まれる
1992年　筑波大学大学院博士課程教育学研究科修了
1993年　日本学術振興会特別研究員
1993年　千葉大学教育学部講師
1995年　千葉大学教育学部助教授
2004年　明治大学文学部助教授
現　在　明治大学文学部教授，博士（教育学）
主　著　『ロジャーズを読む』（共著，1997，岩崎学術出版社）。『カール・ロジャーズ入門』『フランクル心理学入門』（以上、1997，コスモスライブラリー）。『〈むなしさ〉の心理学』（1997，講談社）。『トランスパーソナル心理学入門』（1999，講談社）。『生きていくことの意味』（2000，PHP研究所）。『孤独であるためのレッスン』（2001，日本放送出版協会）。『生きがい発見の心理学』（2004，新潮社）。『臨床心理学全書　第３巻』（分担執筆，2005，誠信書房）。『人生に意味はあるか』（2005，講談社）。『ロジャーズ主要著作集３　ロジャーズが語る自己実現の道』（共訳，2005，岩崎学術出版社）他。
http://morotomi.net/

検印
省略

改訂ロジャーズを読む

発行　第1刷　1997年8月15日
改訂1刷　2006年5月29日

著者　久能　徹
末武　康弘
保坂　亨
諸富　祥彦

発行者　村上　学

印刷　新協印刷㈱
製本　㈱中條製本工場

発行所　岩崎学術出版社
東京都文京区水道1-9-2
電話　代表　03-5805-6623

乱丁・落丁本はおとりかえいたします。

ISBN4-7533-0604-6